Imposto sobre Grandes Fortunas

Imposto sobre Grandes Fortunas

2023

Toni Pinto Oliveira

ALMEDINA

IMPOSTO SOBRE GRANDES FORTUNAS

AUTOR: Toni Pinto Oliveira

DIRETOR ALMEDINA BRASIL: Rodrigo Mentz
EDITORA JURÍDICA: Manuella Santos de Castro
EDITOR DE DESENVOLVIMENTO: Aurélio Cesar Nogueira
ASSISTENTES EDITORIAIS: Larissa Nogueira e Letícia Gabriella Batista
ESTAGIÁRIA DE PRODUÇÃO: Laura Roberti

DIAGRAMAÇÃO: Almedina
DESIGN DE CAPA: Roberta Bassanetto

ISBN: 9786556278513
Maio, 2023

Dados Internacionais de Catalogação na Publicação (CIP)
(Câmara Brasileira do Livro, SP, Brasil)

Oliveira, Toni Pinto
Imposto Sobre Grandes Fortunas / Toni Pinto Oliveira. – 1. ed. – São Paulo : Almedina, 2023.
ISBN 978-65-5627-851-3
1. Direito tributário 2. Equidade (Direito) 3. Imposto sobre a fortuna – Brasil 4. Imposto – Brasil – Legislação I. Título.

23-148628 CDU-34:336.2(81)

Índices para catálogo sistemático:

11. Brasil : Direito tributário 34:336.2(81)

Eliane de Freitas Leite – Bibliotecária – CRB 8/8415

Este livro segue as regras do novo Acordo Ortográfico da Língua Portuguesa (1990).

EDITORA: Almedina Brasil
Rua José Maria Lisboa, 860, Conj.131 e 132, Jardim Paulista | 01423-001 São Paulo | Brasil
editora@almedina.com.br
www.almedina.com.br

"É no problema da Educação que assenta o grande segredo do aperfeiçoamento da humanidade."

Immanuel Kant

AGRADECIMENTOS

A Deus por me proporcionar saúde e perseverança nesta jornada de conhecimento.

Aos meus avós Alieth (*in memoriam*), Orlando (*in memoriam*) e Genoveva (*in memoriam*) por terem sido pilares na minha criação. Pelo amor e carinho sempre dedicados a mim.

Aos meus pais Klecius e Leni, pessoas de imensa sabedoria, que souberam criar os seus três filhos com muito amor e sempre ensinando valores como honestidade, coletividade e empatia com o próximo. Sentimentos eternos de amor e gratidão.

Aos meus irmãos Leandro e Ivana pelas palavras de incentivo e por nossa linda cumplicidade, sentimento raro entre irmãos.

À minha linda e querida esposa Yesca e aos meus queridos filhos, Gabriel e Helena, pelo amor incondicional, apoio, compreensão e por estarem ao meu lado em todos os momentos deste projeto. São os alicerces, estímulos e as inspirações para o meu desenvolvimento pessoal e profissional.

Aos professores do mestrado, em especial aos doutores Maurício Dalri Timm do Valle e Cleucio Santos Nunes por todos os ensinamentos a nós transmitidos. São fontes de inspiração na docência e na busca cotidiana pelo conhecimento. Mestres na essência educacional!

Ao meu professor, doutor e orientador Rosaldo Trevisan pela sua dedicação, disponibilidade, presteza e ensinamentos, inprescindíveis para a realização deste trabalho. Sinceros agradecimentos. Mestre na essência educacional!

Aos colegas de mestrado, que compartilharam dos inúmeros desafios que enfrentamos, sempre com o espírito colaborativo. Em especial, agradeço ao colega Ésio Vieira de Araújo pela dedicação e pelo companheirismo nos trabalhos e seminários acadêmicos.

À Secretaria de Estado de Economia do Distrito Federal e ao Fundo Pró-Receita por propiciarem a realização deste sonho.

SUMÁRIO

INTRODUÇÃO

Em contraponto aos recolhimentos de tributos cada vez maiores que recaem sobre o consumidor (contribuinte de fato), o Congresso Nacional vem, há anos, tentando regulamentar o Imposto sobre Grandes Fortunas – IGF. A esse respeito, tem-se como fundamento a tentativa de amenizar a injustiça tributária que deixa o Brasil no *ranking* dos países que menos tributam os considerados "ricos", para que assim sejam estabelecidos equilíbrios legal e social almejados.

Ao ser implementado, O IGF recairá sobre uma pessoa com patrimônio considerado de grande fortuna, e esta pagará sobre a totalidade de seus bens uma alíquota correspondente, prevista e regimentada em lei. Com esse escopo, atualmente, tramitam alguns projetos de lei complementar na tentativa de viabilizar a implementação do tributo incidente sobre grandes fortunas.

Contudo, encontram-se ainda algumas dificuldades para concretização da regulamentação e efetivação do imposto, dentre elas a definição do "que" e "quanto" poderia ser considerado uma grande fortuna. Todavia, é importante esclarecer que a carência de uma conceituação concreta não impede de, com segurança, se efetivar o imposto sobre montante expressivo, que não faça parte da realidade geral dos brasileiros.

Ademais, a respeito das estatísticas que envolvem o Brasil neste âmbito, ressalta a doutrina que os números comprovam que a tributação sobre a renda e sobre a propriedade representam menor parcela da arrecadação total, sendo o país considerado com baixos níveis de tributação sobre a renda, de forma que a matriz tributária brasileira, realmente, encontra-se apoiada sobre a tributação do consumo.

Contudo, a regulamentação ou não do IGF tem levantado dúvida e promovido discussão tanto no Congresso Nacional quanto na população. E segundo entendimento, ainda contemporâneo, de Hugo de Brito Machado, no caso de competência tributária deste caráter, a inércia do legislador se dá por questões políticas, em que a imposição daquela classe que possui forte influência nas decisões do país sobrepõe questionamentos, pois para ele "os titulares de grandes fortunas, se não estão investidos no poder, possuem inegável influência sobre os que o exercem".[1] Tal premissa é acompanhada por Sérgio Ricardo Ferreira Mota que defende que o imposto ainda não foi regulamentado exclusivamente por confronto aos interesses políticos presentes no âmbito governamental[2]. Para Sérgio Ricardo Ferreira Mota, a esperada regulamentação trará um novo instrumento de justiça tributária, *"uma vez que permitiria, em tese, não só uma justa distribuição da carga tributária entre os contribuintes, mas também, maior distribuição de renda e riqueza nacionais"*.

Já no que se refere à justiça fiscal almejada pelo governo, preocupa-se se a sonegação fiscal no Brasil seria incentivada, uma vez que parte dos contribuintes não declarariam seu patrimônio total por receio de sofrerem a incidência do tributo. Esta questão nos parece um tanto ultrapassada, haja vista que os sistemas de verificação de renda estão cada dia mais avançados e o cruzamento de dados da Receita Federal do Brasil, possivelmente, encontrariam meios de evitar a sonegação por meio da omissão das receitas. Já no que diz respeito à fuga de capitais, essa questão nos parece que só será verificada quando da implementação do tributo. De todo modo, são argumentos pálidos perante a possibilidade de efetivação do sentimento de equidade tributária diante da tributação de uma "grande fortuna", considerando a oportunidade de que aquelas pessoas com rendas maiores sejam tributadas proporcionalmente.

Neste aspecto, busca o presente trabalho avaliar a instituição do IGF como um passo significativo na busca de aumentar a tributação sobre o patrimônio e a renda e reduzir as desigualdades existentes na matriz tributária brasileira, fomentando a equidade na tributação.

[1] MACHADO, Hugo de Brito. **Imposto sobre Grandes Fortunas.** In: O Sistema Tributário na Nova Constituição do Brasil. São Paulo: Ed. Resenha Tributária, 1988. p. 241 – 269.

[2] MOTA, Sérgio Ricardo Ferreira. **Imposto sobre Grandes Fortunas no Brasil.** Rio de Janeiro: MP Editora, 2010, p. 164-165.

Para que tal avaliação se faça atenta a todas as peculiaridades previstas para a aplicação do IGF, considera-se de fundamental importância o estudo dos princípios tributários que essa espécie deve observar para que sua implementação seja realizada com vista a contribuir com a equidade na tributação. Além disso, será brevemente discutida a função dos tributos, de forma a dar corpo à funcionalidade do IGF na matriz tributária.

Seguindo a análise, entende-se por relevante realizar um comparativo entre o IGF e o Imposto de Renda e Proventos de Qualquer Natureza – IR, pois, acredita-se que a tributação das rendas é uma ferramenta eficaz para o alcance da equidade na tributação e a existência do IR não inviabiliza a regulamentação e instituição do IGF.

Não será menosprezada a função do tributo como instrumento necessário à promoção da garantia dos direitos fundamentais, destacando-se, sobretudo, que o imposto analisado é uma fonte de renda aos cofres públicos que ainda não encontra respaldo na legislação brasileira, e por isso tem-se que a competência tributária da União, prevista no texto constitucional, ainda não exercida, concretiza uma fonte de receitas, mesmo que mínima, inexplorada.

Atualmente, há no Congresso Nacional 43 (quarenta e três) projetos de lei complementar que buscam implementar o IGF, contudo pendentes de apreciação pelas duas Casas Legislativas. Para finalizar o presente trabalho, será tratado sobre a motivação contemporânea para instituição do IGF e sobre estes projetos que buscam sua efetivação no sistema tributário brasileiro.

Por fim, após o desenvolvimento do objetivo do presente trabalho, espera-se embasar a possibilidade de implementação do IGF, ponderando seus possíveis aspectos normativos e impactos na matriz tributária, de forma a lastrear a convicção de que sua implementação poderá servir como uma manifestação da equidade tributária, garantindo que os mais ricos arquem com uma maior carga tributária em prol do bem estar comum, fornecendo aos cofres públicos uma nova fonte de receita para servir de garantia à concretização dos direitos fundamentais estampados na Constituição Federal.

CAPÍTULO 1
DO IMPOSTO SOBRE GRANDES FORTUNAS

O Imposto sobre Grandes Fortunas – IGF – no ordenamento jurídico brasileiro, que antes quedava-se olvidado, com projetos de leis engavetados no Congresso Nacional, após o início da pandemia do coronavírus no ano de 2020, o imposto retornou como objeto de debates não somente no cenário brasileiro, mas também em países vizinhos, a exemplo da Argentina como veremos adiante.

No Brasil, apesar da previsão constitucional, o imposto nunca fora regulamentado, e sempre é objeto de intensos debates no que tange ao conceito de "grandes fortunas", base de cálculo e alíquotas.

Assim, com o fito de estruturar melhor, o presente capítulo tem a proposta de apresentar o conceito, as características, o histórico e os princípios constitucionais e tributários que possibilitariam a regulamentação e efetivação do imposto que traz ínsita a ideia de um instrumento a serviço da equidade tributária e da justiça social.

No ponto, faz-se necessário observar as consequências de ordem social, política e econômica que a implementação do Imposto sobre Grandes Fortunas pode gerar no Brasil, sobretudo por se tratar de um país grande em território e população, que ainda se revela com imensas disparidades sociais e econômicas.

Assim, a intenção da presente pesquisa, sob a perspectiva do cenário pós-pandêmico, sem deixar de lado o contexto histórico nacional e internacional de implementação do IGF, é demonstrar a viabilidade de regulamentação do imposto como manifestação da equidade tributária, o que passamos a fazer.

1.1. IGF: Conceitos e características

A Constituição de 1988 traz em seu texto constitucional a base do sistema tributário brasileiro, de modo que, toda e qualquer norma tributária deve sempre, sob pena da mácula da inconstitucionalidade, se ater aos comandos e princípios constitucionais.

Nessa extensão, o Código Tributário Nacional define o conceito de imposto, em seu artigo 16, como tributo cuja obrigação tem por fato gerador uma situação independente de qualquer atividade estatal específica, relativa ao contribuinte.

Significa dizer, o imposto é espécie de tributo, que pressupõe a ocorrência de um fato gerador alheio a qualquer atividade correspectiva do poder público. Nesse sentido, leciona Hugo Machado de Brito[3]:

> Recorde-se que a obrigação tributária em geral – vale dizer, a obrigação de pagar tributo – tem como fato gerador a situação prevista em lei como necessária e suficiente à sua ocorrência, isto é, uma situação que basta, e é indispensável, ao nascimento dessa obrigação.
> Tratando-se de *imposto*, a situação prevista em lei como necessária e suficiente ao nascimento da obrigação tributária não se vincula a qualquer atividade específica do Estado relativa ao contribuinte. Assim, quando o Estado cobra imposto de renda, por exemplo, toma em consideração, exclusivamente, o fato de alguém auferir renda. Não importa que o Estado tenha, ou não, prestado algum serviço, executado alguma obra ou desenvolvido alguma atividade relacionada com aquele de quem vai cobrar o imposto.

Depreende-se, portanto, que o próprio conceito de imposto já preceitua que se trata de espécie tributária não vinculada, calcada na vedação constitucional do artigo 167, cuja redação fora alterada pela EC n. 42/2003:

[3] Machado, Hugo de Brito. **Curso de Direito Tributário.** 37. ed. rev., atual., ampl. – São Paulo: Malheiros, 2016. p. 303.

Art. 167. São vedados:

(...)

IV – a vinculação de receita de impostos a órgão, fundo ou despesa, ressalvadas a repartição do produto da arrecadação dos impostos a que se referem os arts. 158 e 159, a destinação de recursos para as ações e serviços públicos de saúde, para manutenção e desenvolvimento do ensino e para realização de atividades da administração tributária, como determinado, respectivamente, pelos arts. 198, § 2º, 212 e 37, XXII, e a prestação de garantias às operações de crédito por antecipação de receita, previstas no art. 165, § 8º, bem como o disposto no § 4º deste artigo;

Observa-se, pois, que o texto constitucional atual atrelou a regra de não afetação ou não vinculação somente aos impostos, diversamente do que previa a Constituição Federal de 1967 (art. 62, §2º) que determinava a vedação a todos os tributos.[4]

A partir dessas premissas, passamos ao estudo específico do IGF. No Brasil, o Imposto sobre Grandes Fortunas tem sua gênese na Carta de 1988, precisamente no art. 153, inciso VII, *in verbis:* "Art. 153. Compete à União instituir impostos sobre: [...] VII – grandes fortunas, nos termos de lei complementar."

Partindo de um contexto macro, o Imposto sobre Grandes Fortunas traz a ideia de um instrumento que, além servir para a finalidade arrecadatória do Estado, seja capaz de promover equidade tributária e colaborar para a efetivação de uma justiça social.

Percebe-se, portanto, que é um imposto carregado de ideologia e finalidade sociológica desde sua criação na Assembleia Nacional Constituinte[5].

À época, houve os que defendiam a instituição do referido imposto como instrumento de política econômica que seria capaz de diminuir a desigualdade social no país, ao tributar a parcela da população que era

[4] Torres, Ricardo Lobo. **Curso de direito financeiro e tributário.** 12. ed. Rio de Janeiro: Renovar, 2005. p. 121.

[5] Constituinte, Assembleia Nacional. Comissão de Sistematização. **Ata da Reunião de Instalação da Comissão de Sistematização.** Disponível em http://www.senado.gov.br/publicacoes/anais/constituinte/sistema.pdf. Acesso em 14 fev. 2022. p. 1979.

titular de grandes fortunas. Doutra margem, houve os que salientaram que a criação de um novo imposto elevaria ainda mais a alta carga tributária do país e oneraria ainda mais as classes média e pobre do país, considerando que, no final, isto seria, infelizmente, repassado de forma indireta nos preços para os mais pobres.

Veja, pois, que os mesmos argumentos são debatidos até hoje quando a pauta é a implementação do Imposto sobre Grandes Fortunas.

Em que pese sua previsão constitucional desde a promulgação da Constituição Federal, em 05 de outubro de 1988, o IGF é o único imposto que ainda não fora implementado no país.

A partir da leitura do art. 153, VII da Carta Política, é possível extrair três principais características ou requisitos exigidos pelo constituinte originário para regulamentação do IGF.

O primeiro diz respeito à competência para a instituição do imposto, que está expressamente definida como competência da União.

O segundo requisito refere-se à necessidade de edição de lei complementar para implementação do imposto.

Por último, o requisito que é o cerne de todos os debates acerca da regulamentação do IGF, é a definição do que pode ser considerado "grandes fortunas". Observa-se que, apesar da previsão constitucional para a instituição do imposto, o constituinte originário não trouxe a definição de grandes fortunas, nem tampouco os parâmetros a serem utilizados pelo legislador infraconstitucional para fazê-lo.

Não obstante os entraves de ordem conceitual e técnica, a não instituição do imposto encontra óbice também de ordem política, conforme ressalta Hugo de Brito Machado[6]:

> A Constituição Federal de 1988 atribui à União competência para instituir imposto sobre *grandes fortunas, nos termos de lei complementar* (art. 153, VII). Não obstante, até agora esse imposto não foi instituído, nem editada lei complementar para definir o que se deve entender como "grande fortuna". É caso raro de competência tributária não exercitada, e a razão para essa inércia do legislador é exclusivamente política.

[6] Machado, Hugo de Brito. **Curso de Direito Tributário**. 37. ed. rev., atual., ampl. – São Paulo: Malheiros, 2016. p. 355.

(...)
O verdadeiro motivo da não instituição do imposto sobre grandes fortunas é de ordem política. Os titulares de grandes fortunas, se não estão investidos de *poder*, possuem inegável *influência* sobre os que o exercem.

Em suma, tem-se que o conceito e as características do Imposto sobre Grandes Fortunas estabelecidos na Carta de 1988 são genéricos e apenas dão ao ente político – União – o poder para exercer sua competência tributária.

Noutras palavras, a implementação do IGF exigiria, além do exercício do poder outorgado pela Constituição à União no que tange à competência tributária, a definição de "grandes fortunas" a partir de uma ótica econômica, financeira e social.

Em tempo, conforme será demonstrado no item 1.4 do presente trabalho, o Direito Comparado pode servir de instrumento tanto na análise do impacto econômico, como social, após a instituição do Imposto sobre Grandes Fortunas nos países europeus e latino-americanos que o implementaram.

1.1.2 O alto grau de subjetividade da expressão "grandes fortunas"

A definição de "grandes fortunas" gera intensos debates, principalmente, sobre dois grandes aspectos: qual o montante do patrimônio líquido que pode ser considerado uma grande fortuna, e quais os bens integram o patrimônio cujo imposto incidirá: somente patrimônio líquido ou também sobre os bens móveis e imóveis.

A dissensão acerca da definição do conceito de grandes fortunas decorre do alto grau de subjetividade da expressão, questionamento que fora colocado em pauta desde a criação do imposto no âmbito de discussão da Assembleia Nacional Constituinte, em abril de 1987[7], cujo trecho, à título de curiosidade histórica, colacionamos a seguir:

[7] Constituinte, Assembleia Nacional. Comissão de Sistematização. **Ata da Reunião de Instalação da Comissão de Sistematização.** Disponível em http://www.senado.gov.br/publicacoes/anais/constituinte/sistema.pdf. Acesso em 14 fev. 2022. p. 1980.

[Constituinte Antônio Mariz sugerindo a criação do IGF]
A emenda aditiva que venho aqui defender dirige-se ao art. 175, como foi enunciado pelo Sr. Presidente desta Comissão. Pretendo acrescentar ao final do dispositivo, após o inciso VI, um novo inciso, com a seguinte redação: "grandes fortunas, nos termos deferidos em lei complementar."
A emenda cria um novo imposto sobre "grandes fortunas, nos termos deferidos em lei complementar". À primeira vista, poderia parecer que esta matéria fosse vencida em virtude da emenda anterior aqui defendida pelo Constituinte Plínio Arruda Sampaio. Na verdade, há uma diferença substancial entre a proposta que se votou ontem e esta. É que a anterior se referia a patrimônio líquido, Imposto sobre Patrimônio Líquido, mas sem estabelecer um teto para esse patrimônio líquido sobre o qual incidiria o imposto, o tributo ou o piso inferior abaixo do qual estivesse isento esse patrimônio.
Aqui, ao definirmos o imposto sobre grandes fortunas, estabelecemos instantaneamente um patamar conceitual que distingue perfeitamente os grandes patrimônios líquidos dos pequenos patrimônios líquidos. Essa diferença me parece essencial, exatamente porque evita, de antemão, que esse imposto incida sobre a classe média ou sobre os trabalhadores, para que não se verificasse uma distorção semelhante à que ocorreu com o Imposto de Renda, por exemplo, que hoje constitui mais de 50%, para ser exato, 56% das receitas públicas neste País, das receitas públicas federais. No entanto, estudos recentes, estatísticos e econômicos revelam que deste montante do Imposto de Renda, a maior parte é originária dos assalariados e dos trabalhadores autônomos pelas isenções abusivas que se concedem aos ganhos de capital. Ao definirmos, portanto, esse imposto como sobre as grandes fortunas, estamos criando um instrumento de política econômica de que se ressente o sistema tributário brasileiro.

[Constituinte João Menezes sobre a criação do IGF]
Vemos agora esta emenda do meu eminente colega Constituinte Antônio Mariz, em que S. Ex.ª quer acrescentar mais um imposto sobre grandes fortunas.
Primeiro, como é que vamos definir esse assunto de grande fortuna? Segundo, nós precisamos é ter mais dinheiro, precisamos dar condições para termos dinheiro para empregar e tirar este País da dificuldade e da miséria em que se encontra.

Veja, pois, que o imbróglio acerca da definição da expressão "grandes fortunas" remanesce desde a criação da Carta Constitucional de 1988.

Infere-se, ainda, a partir do texto constitucional final, que o constituinte originário não se preocupou com a definição de grandes fortunas, nem tampouco deu ao legislador infraconstitucional instruções ou mecanismos para que pudesse regulamentar o imposto de modo efetivo para se alcançar o objetivo para o qual inicialmente fora criado – instrumento de promoção da equidade tributária e justiça social.

Decorre dessa ausência de definições e parâmetros, a existência de diversos projetos de lei complementar que tramitam na Câmara dos Deputados e Senado Federal hodiernamente acerca da regulamentação do IGF, onde se observam as inúmeras e divergentes proposições no que tange ao patamar a partir do qual um patrimônio será considerado "grandes fortunas" e às alíquotas incidentes sobre o base de cálculo, dentre os quais citamos alguns a título exemplificativo:

- PLP 277/2008[8] – em trâmite na Câmara dos Deputados – propõe a instituição do IGF sobre o patrimônio acima de R$ 2 milhões, com alíquotas progressivas que variam de 1% a 5%. O projeto considera fortuna a soma dos bens imóveis, direitos, e bens adquiridos do contribuinte.
- PLP 215/2020[9] – em trâmite na Câmara dos Deputados – propõe a instituição do IGF com alíquota de 2,5% sobre o valor dos bens de pessoas físicas e jurídica que tinham patrimônio líquido superior a R$ 50 milhões. O novo imposto se aplicaria a imóveis para uso pessoal como residência ou lazer com valor acima de R$ 5 milhões; veículos que custem mais de R$ 500 mil; embarcações com valor superior a R$ 1 milhão e aeronaves com valor maior que R$ 5 milhões.

[8] BRASIL. Câmara dos Deputados. Projeto de Lei Complementar n. 277, de 2008. Disponível em: https://www.camara.leg.br/propostas-legislativas/388149. Acesso em 20 de março 2022.

[9] BRASIL. Câmara dos Deputados. Projeto de Lei Complementar PLP 215/2020. Disponível em: https://www.camara.leg.br/propostas-legislativas/2260489. Acesso em 20 de março 2022.

- PLP 101/2021[10] – em trâmite no Senado Federal – propõe a criação do IGF com alíquotas que variam entre 0,5% e 5% sobre os patrimônios acima de R$ 4,67 milhões, com o objetivo de arrecadar recursos para o combate à pandemia de Covid-19.

Conclui-se, portanto, que o alto grau de subjetividade da expressão "grandes fortunas" pode impactar na carga tributária, consequentemente nos brasileiros, cujos patrimônios já são altamente tributados, como os das famílias de classe média. Na contramão disso, se houver vontade política quanto ao exercício da competência tributária, atribuída pela Constituição à União, na elaboração de um projeto de lei que reflita a realidade econômica e financeira do país, considerando dados estatísticos reais para que os valores de grandes fortunas se aproximem do ideal na busca pela equidade tributária, então aproximar-nos-emos de um IGF mais justo.

1.2 A competência tributária e a criação constitucional do tributo

A competência tributária é atribuída pela Constituição Federal a cada um dos entes da Federação, quais sejam, a União, os estados, o Distrito Federal e os municípios. Sobre o tema, Hugo de Brito Machado[11] ensina: "A competência tributária é atribuída pela Constituição a um ente estatal dotado de poder legislativo".

O mesmo autor sintetiza de forma bastante objetiva o conceito de competência tributária: "Ao poder tributário juridicamente delimitado e, sendo o caso, dividido dá-se o nome de *competência tributária*.".[12]

Já Paulo de Barros Caralho[13] define competência tributária como "uma das parcelas entre as prerrogativas legiferantes de que são portadoras as pessoas políticas, consubstanciada na possibilidade de legislar para a produção de normas jurídicas sobre tributos".

[10] BRASIL. Senado Federal. Projeto de Lei Complementar nº 101, de 2021. Disponível em https://www25.senado.leg.br/web/atividade/materias/-/materia/149004. Acesso em 20 de março de 2022.

[11] MACHADO, Hugo de Brito. **Curso de Direito Tributário** – 37. ed. rev.,atual. e ampl. São Paulo: Malheiros, 2016, p. 29.

[12] Ibid., p. 28.

[13] CARVALHO, Paulo de Barros. **Curso de Direito Tributário.** 27. ed., São Paulo: Saraiva, 2016, p. 218.

Sobre o tema, Paulo de Barros Carvalho[14], corroborando as lições de Roque Antônio Carrazza[15], leciona que à competência tributária podem ser atribuídas as seguintes características: indelegabilidade, irrenunciabilidade, incaducabilidade, inalterabilidade, privatividade e facultatividade.

Dentre as características, o acatamento pela doutrina das três últimas está longe de ser pacífico, sendo objeto de críticas severas, conforme destaca Maurício Dalri Timm do Valle.[16]

Entendido o conceito e as características da competência tributária, faz-se necessário discorrer acerca da sua correlação com a criação do tributo.

No ponto, duas teses doutrinárias se sobressaem, conforme sintetiza Maurício Dalri Timm do Valle.

A primeira tese, acatada pela maior parte da doutrina, encabeçada por Roque Antônio Carrazza, acompanhado de Paulo Barros de Carvalho, advoga que a Constituição não cria tributos, apenas outorga competências para que as pessoas políticas o façam.

No mesmo sentido, reforça Luciano Amaro[17] que a "Constituição não cria tributos; ela outorga competência tributária, ou seja, atribui aptidão para criar tributos".

Doutra margem, José Souto Maior Borges, mais tarde acompanhado por José Roberto Vieira, sustenta a tese de que a Constituição cria, ela mesma, o tributo. Essa última é a tese também defendida por Maurício Dalri Timm do Valle em sua obra, onde defende que "Os dados essenciais da norma jurídica de incidência dos tributos são apresentados já na Constituição"[18].

[14] Carvalho, Paulo de Barros. **Curso de Direito Tributário.** 27. ed., São Paulo: Saraiva, 2016, p. 221.

[15] Carrazza, Roque Antônio. **Curso de Direito Constitucional Tributário.** 27. ed. São Paulo: Malheiros Editores, 2010, p. 766-787.

[16] Valle, Maurício Dalri Tiim do. **Princípios constitucionais e regras-matrizes de incidência do imposto sobre produtos industrializados – IPI.** 1. ed. São Paulo: Noeses, 2016, p. 382.

[17] Amaro, Luciano. **Direito Tributário Brasileiro.** 16. ed. São Paulo: Saraiva, 2010, p. 99.

[18] Valle, op. cit., p. 381.

Neste trabalho, filiamo-nos a corrente que defende a tese de que a Constituição cria o tributo.

Com efeito, conforme preconiza José Roberto Vieira[19], exaltando os ensinamentos de José Souto Maior Borges, o processo de criação dos tributos tem início com a outorga de competências, de modo que, ainda que os dispositivos constitucionais sejam insuficientes para a finalização completa do tributo, isso não quer dizer que os referidos dispositivos constitucionais sejam inexistentes.

Essa tese se tona palpável no estudo do Imposto sobre Grandes Fortunas. De fato, a criação do referido imposto se deu na Constituição, conforme amplamente discorrido, ainda que a Carta de 1988 tenha exigido lei complementar para sua regulamentação.

Significa dizer, a gênese da criação do Imposto sobre Grandes Fortunas e o fundamento para sua regulamentação advém do texto constitucional.

A própria evolução histórica das Constituições brasileiras corrobora a tese que a criação do tributo se dá no bojo do texto constitucional, e, portanto, é criado pela Constituição, sobretudo quando a espécie do tributo analisada são os impostos, todos criados pela Carta Política de 88.

Assim, em oposição à tese doutrinaria defendida por Roque Antônio Carrazza[20], ao sustentar que a competência tributária é "lógica e cronologicamente anterior ao nascimento do tributo", tem-se que, na verdade, a Constituição é que cria e dá a luz ao tributo, à exemplo dos impostos e, especificamente, do Imposto sobre Grandes Fortunas, e só então, outorga poder para que os entres políticos exerçam sua competência tributária para regulamentá-los.

Veja, que, ao outorgar a competência para os entes federativos, é a própria Constituição que determina quais impostos deverão ser regulamentados, a exemplo do que dispõem os art. 153, 155 e 156 da Constituição Federal.

[19] Vieira, José Roberto. **E, afinal, a Constituição cria tributos!** In: Torre, Heleno Taveira (coord.). Teoria Geral da obrigação tributária: estudos em homenagem ao professor José Souto Maior Borges. São Paulo: Malheiros, 2005, p. 639-640.

[20] Carrazza, Roque Antônio. **Curso de direito constitucional tributário.** 23. ed. São Paulo: Malheiros, 2005, p. 482.

Conclui-se, portanto, a partir dos ensinamentos de José Souto Maior Borges, mais tarde aderido por José Roberto Vieira, e pontuados por Maurício Dalri Timm do Valle, que é a Constituição que "dá existência" aos tributos, ainda que seja apenas o escopo, o desenho da forma como as espécies tributárias devem ser regulamentadas para que, enfim, possam ser exigidas. Inclusive, decorre do próprio texto constitucional a exigência da edição de lei – ordinária ou complementar – para implementação de tributos, como é o caso do Imposto sobre Grandes Fortunas, acerca do qual a Carta Suprema exige lei complementar.

Nesse sentido, pontua Maurício Dalri Timm do Valle[21]:

> Sobre esse posicionamento, adverte José Roberto do Vieira que ele não deve ser apreendido literalmente, na medida em que a Constituição Federal não concebe o tributo em sua totalidade, apto a, desde logo, incidir, caso ocorra o fato hipoteticamente descrito na hipótese de incidência da norma tributária e, com isso, desencadear a relação jurídico tributária correspondente. À lei ordinária que institui o tributo cabe, além dos elementos essenciais dispostos pela Constituição Federal – hipótese de incidência, sujeitos da relação jurídica (ativo e passivo) e base de cálculo – detalhá-los e prescrever quais serão as alíquotas aplicáveis.

A partir disso, e considerando que a criação do sistema tributário nacional tem sua origem no texto constitucional, decorrem duas consequências lógicas imediatas: a edição de normas tributárias infraconstitucionais fica sujeita às limitações e definições estritas e previamente insculpidas no texto constitucional, sob o escrutínio do controle de constitucionalidade; as ações judiciais cuja controvérsia tenham por objeto qualquer questão de ordem tributária se sujeitam a apreciação da matéria pela Suprema Corte, por se tratar de matéria constitucional.

21 VALLE, Maurício Dalri Timm do. **Princípios constitucionais e regras-matrizes de incidência do imposto sobre produtos industrializados – IPI.** São Paulo: Noeses, 2016, p. 381.

1.3 Princípios constitucionais relevantes aplicáveis ao IGF

Os princípios figuram como uma dentre as diversas fontes do direito adotadas pelo ordenamento jurídico pátrio.

Nesse sentido, a Constituição Federal prevê no art. 5º, §2º que "os direitos e garantias expressos nesta Constituição não excluem outros decorrentes do regime e dos princípios por ela adotados, ou dos tratados internacionais em que a República Federativa do Brasil seja parte".

Significa dizer, o regime constitucional pátrio é guiado, também, pelos princípios expressos e implícitos contidos na Constituição Federal e por aqueles princípios internacionais dentre os quais o Brasil tenha aderido.

Portanto, considerando que ordem tributária brasileira foi criada e organizada pelo texto constitucional, a aplicação e o estudo do direito tributário devem ser conduzidos com a observância dos princípios constitucionais que norteiam a atividade do Estado.

Segundo Hugo de Brito Machado[22], "o Direito é um instrumento de defesa contra o arbítrio, e a supremacia constitucional, que alberga os mais importantes princípios jurídicos, é por excelência um instrumento do cidadão contra o Estado.".

O mesmo autor esclarece, ainda, que princípio é "uma norma dotada de grande abrangência, vale dizer, de universalidade, e de perenidade. Os princípios jurídicos constituem, por isto mesmo, a estrutura do sistema jurídico. São os princípios jurídicos os vetores do sistema"[23].

Esse conceito de princípio como base do sistema jurídico é muito bem definido por Miguel Reale[24] ao definir princípio como "verdades fundantes" que conduzem desde o sistema de conhecimento até os de ordem prática e operacional. Ainda, especificamente, quanto aos princípios gerais do direito, que o célebre jurista define como "são enunciações normativas de valor genérico, que condicionam e orientam a compreensão do ordenamento jurídico, quer para a sua aplicação e integração, quer para elaboração de novas normas".

[22] MACHADO, Hugo de Brito. **Curso de Direito Tributário.** 37. ed. rev., atual. e ampl. São Paulo: Malheiros, 2016, p. 32.

[23] Id. **Os Princípios Jurídicos da Tributação na Constituição de 1988.** São Paulo, RT, 1991, p. 11.

[24] REALE, Miguel. **Lições preliminares de direito.** São Paulo: Saraiva, 1985, p. 199.

A Carta Política constitui-se, portanto, das normas e dos princípios que são os alicerces, a base e fundamento de todo o ordenamento jurídico pátrio.

Nessa linha de raciocínio, tem-se que o sistema tributário nacional faz parte do sistema jurídico constitucional, de modo que, além da necessidade de observâncias das normas e princípios tributários, também devem ser observadas as normas e princípios gerais constitucionais.

Essa ideia é muito bem descrita por Antônio Manoel Gonçalez[25] ao afirmar que "ao conjunto de princípios e normas constitucionais denominamos de Sistema Constitucional. Assim, ao conjunto dos princípios constitucionais que tratam do exercício das competências tributárias das Pessoas Políticas chamamos de Sistema Constitucional Tributário.".

Logo, a pesquisa dos princípios mais relevantes aplicáveis ao Imposto sobre Grandes Fortunas exige o estudo dos princípios constitucionais gerais e dos princípios constitucionais tributários.

Cleucio Santos Nunes[26] realça uma distinção interessante sobre princípios "constitucionais tributários" de princípios "tributários constitucionalizados" idealizada por Micaela Dominguez Dutra, lastreada na doutrina de Eusébio Gonzáles Garcia:

> Os primeiros [princípios constitucionais tributários] são princípios incorporados em todo o ordenamento jurídico e que também são aplicados ao Direito Tributário. Por exemplo, legalidade, igualdade e segurança jurídica são princípios gerais do ordenamento constitucional e que se aplicam ao Direito Tributário, como é de conhecimento incontestável. Já os princípios tributários constitucionalizados são aqueles originados de uma área jurídica específica e que a Constituição reconhece como princípio. É o caso da capacidade contributiva, como exemplifica o professor espanhol.

Há, ainda, que se fazer menção aos princípios constitucionais tributários positivados no rol de direitos fundamentais do contribuinte, tais

[25] Gonçalez, Antônio Manoel. **Princípios Constitucionais Tributários.** In: Caderno de Pesquisas Tributárias18. Ed. Resenha Tributária e Centro de Estudos de Extensão Universitária. São Paulo. 1993, p. 292.

[26] Nunes, Cleucio Santos. **Justiça Tributária.** Belo Horizonte: Fórum, 2019, p. 287.

como o princípio da legalidade, previsto no art. 5º, II da CF, o princípio da igualdade, insculpido no art. 5º, *caput* da Carta Magna, e o princípio da segurança jurídica, disposto no art. 5º, XXXVI da Constituição.

Com efeito, os princípios constitucionais fundamentais traduzem-se em normas fundamentais, que integram o Direito Constitucional positivo, conforme os ensinamentos de José Afonso da Silva[27].

No mesmo sentido, Paulo de Barro Carvalho sustenta que os princípios são normas jurídicas portadoras de intensa carga axiológica.

Em que pese haver, reconhecidamente, a diferenciação no conceito e significado entre princípios e normas, esclarece-se, desde já, que no presente trabalho a referência que se faz aos princípios como normas recai tão somente no fato de que, a exemplo dos princípios supramencionados, há princípios positivados no texto da Constituição que se traduzem em norma jurídica, vejamos:

> Art. 5º Todos são iguais perante a lei, sem distinção de qualquer natureza, garantindo-se aos brasileiros e aos estrangeiros residentes no País a inviolabilidade do direito à vida, à liberdade, à igualdade, à segurança e à propriedade, nos termos seguintes:
>
> [...]
>
> II – ninguém será obrigado a fazer ou deixar de fazer alguma coisa senão em virtude de lei;

No ponto, a exigência constitucional de lei complementar para regulamentação do Imposto sobre Grandes Fortunas – art. 153, inciso VII da Constituição Federal – é um exemplo cristalino do princípio da legalidade, complementado, ainda, pelo artigo 150, I, da CF, que veda a instituição ou aumento de tributos sem previsão em lei.

Depreende-se, assim, que os princípios constitucionais, sobretudo, os "princípios tributários constitucionalizados" insculpidos na seção intitulada "das limitações do poder de tributar", constituem verdadeiras

[27] SILVA, José Afonso da. **Curso de Direito Constitucional Positivo.** 14. ed. rev. São Paulo: Malheiros, 1997, p. 96-97.

"garantias asseguradas ao particular, em face da pretensão tributária"[28] do Estado.

O presente capítulo tratará, portanto, dos estudos dos principais princípios constitucionais e tributários que norteiam o sistema jurídico tributário, sobretudo, no que tange à implementação do Imposto sobre Grandes Fortunas, mais especificamente, os princípios da legalidade, da igualdade, da capacidade contributiva, progressividade e do não-confisco.

1.3.1 Princípio da Legalidade

A origem do princípio da legalidade é reportada por diversos autores, e remonta aos idos de 1091, na Espanha, em documento do Rei Afonso VI que solicitava o consentimento dos súditos acerca da instituição de tributos, e em 1215, com a Magna Carta, assinada pelo Príncipe João Sem Terra, na Inglaterra, conforme relata Luís Eduardo Schoueri[29].

Logo de início é possível inferir que a exigência de um documento normativo já era imprescindível, há séculos, para instituição de tributos.

Nesse sentido, assevera Maurício Dalri Timm do Valle[30]:

> [...] o Princípio da Legalidade nasceu atrelado à exigência do consentimento da sociedade para a instituição de tributos. É essa a ideia da autotributação. O instrumento por excelência por meio do qual a sociedade estabelece as obrigações, as permissões e a proibições que deverão ser por ela observadas é a lei, fruto do trabalho dos seus representantes, eleitos para tal fim. A existência do Princípio da Legalidade impõe que toda e qualquer proibição, permissão ou obrigação somente poderá ser criada por meio de lei.

[28] SCHOUERI, Luís Eduardo. **Direito tributário.** 9. ed. São Paulo: Saraiva Educação, 2019, p. 293.

[29] SCHOUERI, Luís Eduardo. **Direito tributário.** 9. ed. São Paulo: Saraiva Educação, 2019, p. 295.

[30] VALLE, Maurício Dalri Timm do. **Princípios constitucionais e regras-matrizes de incidência do imposto sobre produtos industrializados – IPI.** 1. ed. São Paulo: Noeses, 2016, p. 428.

Essa ideia do consentimento e da autotributação é muito bem traduzida por Aliomar Baleeiro[31] ao afirmar que "o tributo é ato de soberania do Estado na medida em que sua cobrança é autorizada pelo povo, através da representação".

No Brasil, todas as constituições consagraram o princípio da legalidade. Na Carta atual, o princípio está normatizado no texto constitucional no rol de direitos fundamentais e preceitua, no art. 5º, inciso II da Constituição Federal de 1988, que ninguém será obrigado a fazer ou deixar de fazer alguma coisa senão em virtude de lei.

Alberto Xavier[32] faz interessante observação sobre a expressão "em virtude de lei":

> 'Em virtude de lei' é, na verdade, expressão suficientemente compreensiva para abranger não só os casos em que a lei formal regula, por si própria, completamente, todos os casos em que as pessoas são 'obrigadas a fazer ou deixar de fazer alguma coisa', mas também as hipóteses em que a lei autoriza o Poder Executivo a – por via de regulamento – introduzir essas limitações, desde que nos limites impostos pela ideia de 'execução'. Nestes casos – embora geradas por fontes secundárias – as obrigações têm o seu fundamento mediato na lei, podendo dizer-se que foram criadas 'em virtude' desta.

Perfaz-se, então, o Estado de Direito, no qual a lei é o instrumento soberano através da qual o povo manifesta sua vontade ou consentimento por meio de seus representantes do Poder Legislativo.

No campo do Direito Tributário, o princípio da legalidade tributária está inscrito no art. 150, inciso I da Constituição Federal de 1988, e constitui a primeira disposição constitucional acerca da limitação do poder de tributar, vejamos: "Art. 150. Sem prejuízo de outras garantias asseguradas ao contribuinte, é vedado à União, aos Estados, ao Distrito Federal e aos Municípios: I – exigir ou aumentar tributo sem lei que o estabeleça."

[31] BALEEIRO, Aliomar. **Direito Tributário Brasileiro: CTN comentado**. Atualização Misabel Abreu Machado Derzi. 11. ed. Rio de Janeiro: Foresne, 2007.

[32] XAVIER, Alberto. **Os princípios da legalidade e da tipicidade da tributação.** São Paulo: Revista dos Tribunais, 1978, p. 31.

Hugo de Brito Machado[33] ensina que "no Brasil, como, em geral, nos Países que consagram a divisão dos Poderes do Estado, o princípio da legalidade constitui o mais importante limite aos governantes na atividade de tributação".

O princípio da legalidade é, na verdade, o que dá azo à existência e sistematização do direito tributário, é o princípio fundante de todo o sistema tributário, que proporciona segurança jurídica e equilíbrio na relação entre o contribuinte e o fisco.

No ponto, Gerd Willi Rothmann[34] aduz que não se pode falar em Direito Tributário sem o princípio da legalidade tributária, que é o fundamento e a justificativa de toda a tributação. O autor afirma, ainda, que é a lei que transforma a relação tributária em relação jurídica, retirando-a do mero arbítrio.

No âmbito tributário, o art. 97 do Código Tributário Nacional prescreve a exigência de lei para os seguintes casos:

> Art. 97. Somente a lei pode estabelecer:
> I – a instituição de tributos, ou a sua extinção;
> II – a majoração de tributos, ou sua redução, ressalvado o disposto nos artigos 21, 26, 39, 57 e 65;
> III – a definição do fato gerador da obrigação tributária principal, ressalvado o disposto no inciso I do § 3º do artigo 52, e do seu sujeito passivo;
> IV – a fixação de alíquota do tributo e da sua base de cálculo, ressalvado o disposto nos artigos 21, 26, 39, 57 e 65;
> V – a cominação de penalidades para as ações ou omissões contrárias a seus dispositivos, ou para outras infrações nela definidas;
> VI – as hipóteses de exclusão, suspensão e extinção de créditos tributários, ou de dispensa ou redução de penalidades.

[33] MACHADO, Hugo de Brito. **Curso de Direito Tributário.** 37. ed. rev., atual. e ampl. São Paulo: Malheiros, 2016, p. 35.

[34] ROTHMANN, Gerd Willi. **O princípio da legalidade tributária**. Revista de Direito Administrativo, Rio de Janeiro, v. 109, jul./set. 1972, p. 11.

Trata-se, pois, dos elementos obrigatórios que constituem o tributo, cuja lista taxativa configura o que é chamado pela doutrina de estrita legalidade.

Não se pode olvidar, por óbvio, dos casos em que o princípio da legalidade é mitigado pelo próprio texto constitucional, a exemplo do que dispõe o art. 153, §1º da Constituição Federal, quanto aos tributos dotados de extrafiscalidade. Entretanto, não estenderemos o assunto por não ser esse o escopo do presente trabalho, de modo que a observação só teve lugar em razão da necessidade de demonstração de que é a própria Constituição que faz ressalva quanto à reserva de lei, no sentido formal, para alteração de alíquotas de impostos específicos.

Com base nessas premissas, especificamente no que diz respeito ao Imposto sobre Grandes Fortunas, o texto constitucional é preciso quanto a exigência de sua instituição por lei complementar, *in verbis:* "Art. 153. Compete à União instituir impostos sobre: [...] VII – grandes fortunas, nos termos de lei complementar."

Significa dizer, no caso do Imposto sobre Grandes Fortunas, que a sua instituição está submetida não somente à reserva de lei em sentido formal e material, mas também ao quórum de maioria absoluta avocado pela lei complementar.

É de fácil percepção, portanto, que a instituição e posterior alteração do IGF se dará por meio de processo e tramite legislativo mais criterioso, que exige maior concordância entre os parlamentares.

Conclui-se, assim, que o princípio da legalidade tributária é o que dá segurança jurídica à relação tributária entre o contribuinte e o fisco, de modo que a exigência de lei constitui verdadeiro limite ao poder de tributar do ente competente. Ou seja, as obrigações, permissões e vedações de ordem tributária devem estar previstas em lei. Nesse sentido, importa salientar interessante observação de Luís Eduardo Schoueri[35]:

> Efetivamente, ao comparar o texto do art. 5º, com o do art. 150, nota-se que o constituinte não foi redundante quando tratou da matéria tributária: se em geral um comportamento será exigido "em virtude" de uma lei, nas questões

[35] Schoueri, Luís Eduardo. **Direito tributário.** 9. ed. São Paulo: Saraiva Educação, 2019, p. 304.

tributárias, tem-se a exigência de a obrigação estar prevista na própria lei. Não há espaço para delegação. Será a lei o fundamento imediato da exigência. Ao legislador cumpre definir o antecedente e o consequente da norma tributária.

Tem-se, portanto, que o princípio da legalidade é princípio fundante, vetor dos demais princípios tributários, que ampara o Estado de Direito e conduz à justiça tributária.

1.3.2 Princípio da Igualdade ou do Tratamento Isonômico

O princípio da igualdade está insculpido no texto constitucional logo no *caput* do artigo que inaugura o rol dos direitos e garantias fundamentais: *"Todos são iguais perante a lei, sem distinção de qualquer natureza, garantindo-se aos brasileiros e aos estrangeiros residentes no País a inviolabilidade do direito à vida, à liberdade, à igualdade, à segurança e à propriedade, nos termos seguintes"*.

O estudo do princípio da igualdade remete, quase que imediatamente, à máxima jurídica filosófica aristotélica[36] que é tratar "igualmente os iguais e desigualmente os desiguais, na medida de sua desigualdade".

Nesse sentido, Rui Barbosa[37] traduziu a nós a referida máxima filosófica acerca do princípio da igualdade, nos seguintes termos:

> A regra da igualdade não consiste senão em quinhoar desigualmente aos desiguais, na medida em que se desigualam. Nesta desigualdade social, proporcionada à desigualdade natural, é que se acha a verdadeira lei da igualdade. O mais são desvarios da inveja, do orgulho, ou da loucura. Tratar com desigualdade a iguais, ou a desiguais com igualdade, seria desigualdade flagrante, e não igualdade real. Os apetites humanos conceberam inverter a norma universal da criação, pretendendo, não dar a cada um, na razão do que vale, mas atribuir o mesmo a todos, como se todos se equivalessem.

[36] ARISTÓTELES. **Ética a Nicômaco.** Trad. Leonel Vallandro e Gerd Bornheim. São Paulo: Nova Cultural, 1987.

[37] BARBOSA, Rui. **Oração aos moços.** Edição comemorativa dos 170 anos de nascimento de Rui Barbosa. Senado Federal, 2019, p. 36.

Fernando Aurélio Zilveti[38] traz o contexto histórico do surgimento da positivação do princípio da igualdade ao rememorar que o direito foi observado pela primeira vez na América do Norte, em 1641, em lei intitulada como "Body od Liberties", e após, já em novembro de 1772, em Boston, quando James Otis e Samuel Adams apresentaram o primeiro projeto de declaração dos direitos do homem. Alguns anos depois, em junho 1776, a igualdade foi elevada à categoria de princípio constitucional com o "Bill of Rights" da Virgínia e, em março de 1780, na Constituição de Massachusetts.

Mais tarde, inspirado nas Constituições das colônias americanas, em agosto de 1789, surgiu a primeira Declaração de Direitos do Homem e do Cidadão, na França. Mas foi na Declaração francesa de 1793 que a igualdade foi concretizada, numa ordem constitucional, como garantia do cidadão e valor escolhido como sinônimo de justiça.

A partir de então, o modelo francês passou a ser referência para as outras Constituições que viriam, como é o caso do Brasil que, conforme afirma Fernando Aurélio Zilveti, praticamente traduziu o art. 4ª a Declaração de Direitos francesa no texto da Constituição do Império de 1824[39], que prescrevia no seu art. 179, XIII, que *"A Lei será igual para todos, quer proteja, quer castigue, o recompensará em proporção dos merecimentos de cada um".*

Nesse sentido, destaca Fernando Aurélio Zilveti[40]:

> A igualdade constitucional da Carta imperial, segundo Pimenta Bueno, garantia a igualdade perante a lei e perante a justiça, com o objetivo de dar ao cidadão a oportunidade de satisfazer suas necessidades por seu trabalho e obter justa recompensa por seus serviços e merecimento. Pimenta Bueno, o Marquês de São Vicente, considerou sabiamente reunidos, no artigo 179 da Constituição do Império, os conceitos de igualdade e justiça natural na justiça positiva, sistematizada numa ordem constitucional.

[38] Zilveti, Fernando Aurelio. **Princípios de Direito Tributário e a Capacidade Contributiva.** São Paulo: Quartier Latin, 2004, p. 73.

[39] BRASIL. Constituição Política do Império do Brazil, de 25 de março de 1824.

[40] Zilveti, 2004, p. 77.

Já na Constituição Republicana de 1891[41], o art. 72, §2º era muito claro e direto ao prescrever que "Todos são iguaes perante a lei". Mais tarde, esse texto seria alterado pela Emenda Constitucional de 3 de setembro de 1926, cuja redação fora acrescida nos seguintes termos: *"A Republica não admite privilegios de nascimento, desconhece fóros de nobreza, e extingue as ordens honoríficas existentes e todas as suas prerrogativas e regalias, bem como os títulos nobiliarchicos e de conselho."*.

Nas Constituições seguintes – 1394[42], 1937[43] e 1967[44] – o princípio da igualdade permaneceu no bojo do texto constitucional.

Depreende-se, portanto, que a intenção da positivação do princípio da igualdade fora a de romper com os privilégios e regalias outorgadas aos nobres e reis monárquicos que, em razão da concentração do poder, determinava e distribuía privilégios e benefícios a uns em detrimento de outros sem qualquer limitação ou parâmetro legal. Nesse contexto, ensina Fernando Aurélio Zilveti [45]:

> A ideia-força, que nascera de uma disputa entre a burguesia e a monarquia absolutista francesa, acabou por influenciar todo o pensamento da ciência política mundial e deu ao cidadão a noção de poder de exigir do Estado o

[41] BRASIL. Constituição da República dos Estados Unidos do Brasil, de 24 de fevereiro de 1891.

[42] BRASIL. Constituição da República dos Estados Unidos do Brasil (de 16 de julho de 1934): "Artigo 113 – A Constituição assegura a brasileiros e a estrangeiros residentes no País a inviolabilidade dos direitos concernentes à liberdade, à subsistência, à segurança individual e à propriedade, nos termos seguintes: 1) Todos são iguais perante a lei. Não haverá privilégios, nem distinções, por motivo de nascimento, sexo, raça, profissões próprias ou dos pais, classe social, riqueza, crenças religiosas ou ideias políticas".

[43] BRASIL. Constituição dos Estados Unidos do Brasil, de 10 de novembro de 1937: "Artigo 122 – A Constituição assegura aos brasileiros e estrangeiros residentes no País o direito à liberdade, à segurança individual e à propriedade, nos termos seguintes: 1º) todos são iguais perante a lei.".

[44] BRASIL. Constituição da República Federativa do Brasil de 1967: "Artigo 150 – A Constituição assegura aos brasileiros e aos estrangeiros residentes no País a inviolabilidade dos direitos concernentes à vida, à liberdade, à segurança e à propriedade, nos termos seguintes: § 1º – Todos são iguais perante a lei, sem distinção, de sexo, raça, trabalho, credo religioso e convicções políticas. O preconceito de raça será punido pela lei".

[45] Zilveti, 2004, p. 79.

direito de tratamento igual perante a lei, justamente do Estado, seu maior opositor.

Para controlar a tendencia absolutista, foi necessário enfraquecer o Estado por meio da divisão de poderes, a fim de evitar que o poder unitário, saindo das mãos do monarca, fosse diretamente para o povo, dando margem ao arbítrio. Na verdade, o que pretendiam os ideólogos liberais era manter o poder na classe dominante. Precisavam, para tanto, revestir o poder de uma maior legitimidade ao declarar os direitos fundamentais.

Nessa extensão, Aliomar Baleeiro[46] afirma em sua obra que os princípios como generalidade, igualdade e universalidade de tributação são meios através dos quais se erradicam imunidades e privilégios que foram conferidos a pessoas em razão do exercício de cargos e funções, além de serem meios pelos quais se abolem o tratamento tributário desigual mais gravoso para uns do que para outros, de modo que estão a serviço de um conceito de democracia mais concreto, mais completo, que serve como arma de defesa para a minoria político-econômica frente às decisões de uma elite economicamente dominante.

O princípio da igualdade é, portanto, a base e o fundamento do regime democrático e do Estado de Direito.

Nesse sentido, José Maurício Conti[47] afirma que "a igualdade é o princípio nuclear de todo o nosso sistema constitucional".

Nessa ordem de ideia, tem-se que o atual texto da Carta Política, além do princípio da igualdade genérica insculpido no art. 5º, *caput*, e inciso I, a Constituição de 1988 trouxe também o princípio da igualdade ou isonomia tributária, previsto no art. 150, inciso II, que prescreve que:

> Art. 150. Sem prejuízo de outras garantias asseguradas ao contribuinte, é vedado à União, aos Estados, ao Distrito Federal e aos Municípios:
>
> II – instituir tratamento desigual entre contribuintes que se encontrem em situação equivalente, proibida qualquer distinção em razão de ocupação pro-

[46] Baleeiro, Aliomar. **Limitações ao Poder de Tributar**. 7. ed. rev. e compl. à luz da Constituição de 1988. Rio de Janeiro, Forense, 1998. p. 7.

[47] Conti, José Maurício. **Princípios tributários da capacidade contributiva e da progressividade.** São Paulo: Dialética, 1997, p. 25.

fissional ou função por eles exercida, independentemente da denominação jurídica dos rendimentos, títulos ou direitos;

O supramencionado dispositivo constitucional é o que inaugura a seção de normas constitucionais relativas à limitação ao poder de tributar. Tem-se, assim, como corolário do sistema tributário brasileiro o princípio da igualdade ou isonomia tributária, que age, através do critério de comparação, que viabiliza a distinção dos desiguais e, por conseguinte, o tratamento isonômico.

Klaus Tipke e Joachim Lang, discorrendo acerca da eficácia do princípio da igualdade tributária perante a lei, aduziram que: "A regra da igualdade obriga para o Direito Tributário, que os sujeitos passivos sejam por uma lei tributária jurídica e factualmente onerados da mesma maneira".[48]

Nessa extensão, Paulo de Barros Carvalho[49] trata o princípio da igualdade tributária como "sobreprincípio", por ser dotado dos valores de justiça tributária e segurança jurídica nas relações jurídico-tributárias:

> Aproveito para afirmar que o direito, reconhecendo na igualdade tributária um valor, trata de colocar parâmetros incisivos, tendo em vista estabilizar as expectativas normativas. Não fora assim e cada um empregaria suas referências subjetivas, construindo "isonomias" que consultassem antes suas inclinações ideológicas, acarretando profunda insegurança ao bem-estar social. Longe disso, por lidar com direitos fundamentais (...), a ordem jurídica cerca de garantias o direito que cada um tem de responder pela carga tributária de forma igualitária (...).
>
> A isonomia de que desfrutam os sujeitos passivos das obrigações tributárias, além disso, é uma estimativa da mais elevada relevância, pois de sua concreta efetividade, em cada situação empírica, dependem dois sobrevalores, quais sejam, o da segurança das relações jurídico-tributárias e o da "justiça da tributação". Percebe-se claramente que sem igualdade na distribuição das cargas tributárias não atingiremos os níveis adequados de segurança, impedindo a realização suprema da justiça na implementação dos tributos.

[48] TIPKE, Klaus e LANG, Joachim. **Direito Tributário (Steuerrecht).** Trad. Luiz Dória Furquim. Porto Alegre: Sergio Antônio Fabris Editor, 2008, p.192.
[49] CARVALHO, 2008, p. 268.

Portanto, para a concretização do princípio da igualdade tributária faz-se necessário não somente a positivação do princípio que preceitua o tratamento desigual para os desiguais, mas também a observância dos critérios ou fatores de discriminação de modo que seja viabilizado o alcance da justiça na tributação. Do contrário, o princípio constitucional, ainda que positivado, permaneceria no plano da abstração, configurando uma norma vazia.

Assim, o critério de diferenciação eleito de forma inequívoca pela doutrina é o critério da capacidade contributiva. Nesse sentido, José Maurício Conti[50] destaca que "A eleição do critério da capacidade contributiva como elemento de discriminação para diferenciação dos indivíduos em situação desigual e, portanto, critério legítimo para estabelecer distinções na forma de tributação, é reconhecida de forma inequívoca pela doutrina".

No mesmo sentido, importa evidenciar as lições de Humberto Ávila:[51]

> Quando os impostos possuírem uma justificação e uma finalidade fiscal, enquanto instituídos com o fim preponderante de obter receitas dos particulares, e o ordenamento constitucional permitir a eleição desse critério, será o princípio da capacidade contributiva a medida de diferenciação entre os contribuintes. O §1o do art. 145 da Constituição determina que os impostos "terão caráter pessoal e serão graduados segundo a capacidade econômica do contribuinte". Importa dizer: o critério de aplicação da igualdade entre os contribuintes com a finalidade de pagar impostos é feita com base em elementos residentes neles próprios e a finalidade da tributação é a própria distribuição igualitária da carga tributária, critério e finalidade, antes de se afastarem, aproximam-se, para consubstanciar uma só equação: a imposição deve corresponder à capacidade contributiva.

É inegável, portanto, que a capacidade contributiva é um princípio jurídico que decorre, intrinsecamente, do princípio da igualdade.

[50] Conti, 1997, p. 27.

[51] Ávila, Humberto. **O Princípio da Isonomia em Matéria Tributária**, In. Tôrres, Heleno Taveira (coord.). Teoria Geral da Obrigação Tributária: estudos em homenagem ao Professor José Souto Maior Borges. São Paulo: Malheiros, 2005. p. 415-416.

Nesse sentido, Misabel Abreu Machado Derzi[52] ensina que "A capacidade contributiva (considerada proporcional ou regressivamente) é um desdobramento de um mesmo e único princípio, o da igualdade", ratificando a proposição de que a igualdade somente é aferível através de um critério de comparação.

Roque Antônio Carrazza[53] arremata ao afirmar que o "princípio da capacidade contributiva – que informa a tributação por meio de imposto – hospeda-se nas obras do princípio da igualdade e ajudar a realizar, no campo tributário, os ideais republicanos".

Conclui-se, portanto, que a instrumentalização do princípio da capacidade contributiva, como critério que dá concretização ao princípio da igualdade, é o que possibilita o alcance à finalidade calcada na equidade tributária e na justiça fiscal.

Nesse sentido, Fernando Aurelio Zilveti[54] é assertivo ao declarar que a capacidade contributiva, decorrente do princípio da igualdade, é o caminho para justiça fiscal. Nesse ponto, ressaltamos:

> Da mesma forma quis fazer o constituinte brasileiro, quando redigiu o artigo 145, §1º da Constituição Federal, ali assentando a capacidade contributiva, que impõe a justiça fiscal por meio de uma legislação tributária que distribua a carga fiscal de modo igualitário, poupando o menos capacitado na proporção de suas necessidades financeiras. É o princípio mais importante da justiça fiscal, por reunir os direitos humanos fundamentais na limitação do poder de tributar, compondo um quadro valorativo de tensão e ponderação na aplicação das garantias constitucionais.

Passamos, então, ao estudo e desdobramentos do princípio da capacidade contributiva.

[52] Derzi, 1991, p. 163, apud CONTI, 1997, p. 27.

[53] Carrazza, Roque Antônio. **Curso de Direito Constitucional Tributário.** São Paulo: Ed. Revista dos Tribunais, 1991, p. 59.

[54] Zilveti, 2004, p. 124.

1.3.3 Princípio da Capacidade Contributiva

O princípio da capacidade contributiva inspira paixões e é objeto de intensos debates doutrinários e acadêmicos por trazer, ao imaginário coletivo, a ideia de um princípio que traduz justiça.

Partindo da premissa genérica de que os tributos e, portanto, o direito tributário, servem como instrumentos para o custeio do Estado e sendo ele uma prestação pecuniária compulsória, a consequência lógica imediata é a de que isso seja feito de forma justa e igualitária.

Por essa razão, muitas vezes o princípio da capacidade contributiva, ao lado do princípio da igualdade, está vinculado ao ideal de justiça tributária, dando, além do viés econômico e financeiro, um viés social.

Historicamente, a preocupação com a capacidade de contribuir já estava estampada desde a Constituição do Império, conforme relata Cleucio Santos Nunes[55], no artigo 179, XV, que previa que "ninguém será exempto [isento] de contribuir para as despezas do Estado em proporção de seus haveres".

Claro que, à época, a conotação de capacidade contributiva não era a mesma que se tem hoje, de modo que a norma se destinava a consagrar a obrigação de que todos aqueles que auferissem renda e tivesse patrimônio deveriam destinar uma parte para custear as despesas do Estado.

O mesmo autor relata ainda que as Constituições de 1891, 1934 e 1937 quedaram-se silentes sobre o tema. Assim, a capacidade contributiva reapareceu somente no texto da Constituição de 1946, após o fim do Estado Novo, cujo artigo 202 dispunha que "os tributos terão caráter pessoal, sempre que isso for possível, e serão graduados conforme a capacidade econômica do contribuinte", e segundo Aliomar Baleeiro, o texto final foi aprovado em plenário por 126 votos contra 86.

No que diz respeito à Constituição de 1967/69, há certa discussão quanto a presença ou não do princípio da capacidade contributiva no seu texto.

O texto do art. 150, §35, prescrevia somente que "a especificação dos direitos e garantias expressas nesta Constituição não exclui outros direitos e garantias decorrentes do regime e dos princípios que ela adota".

[55] Nunes, Cleucio Santos. **Justiça Tributária.** Belo Horizonte: Fórum, 2019, p. 63.

Ainda segundo Cleucio Santos Nunes[56], parte dos doutrinadores, a exemplo de Amílcar de Araújo Falcão, Aliomar Baleeiro, Paulo Barros de Carvalho e Geraldo Ataliba, defendiam que, apesar de não constar expressamente no texto constitucional, até pelo fato de ser um princípio que decorre do princípio da igualdade, seria um equívoco afirmar que o princípio da capacidade contributiva teria sido revogado pela Emenda Constitucional nº 18/1965.

Nesse sentido, esclarece José Maurício Conti[57]:

> Na Constituição de 1967/69, o dispositivo [referindo-se ao artigo 202 da Constituição anterior foi suprimido, de modo que o princípio da capacidade contributiva deixou de constar expressamente do Texto Constitucional. No entanto, isso não significou, para muitos, que o princípio não mais precisava ser observado. Segundo o entendimento de grande parte dos estudiosos, continuava a existir o princípio no próprio Texto, desde que se fizesse uso de uma interpretação sistemática da Constituição.

José Maurício Conti[58] delineia, ainda, as fases históricas desde o primeiro texto sugerido pelo constituinte originário da Carta de 1988, até o texto final atual que prescreve o princípio da capacidade contributiva no nosso ordenamento jurídico tributário pátrio.

O texto do Anteprojeto Afonso Arinos[59], que deu início ao processo de elaboração da atual Constituição, que previa em seu art. 149: "os tributos terão caráter pessoal, sempre que isso for possível, e serão graduados pela capacidade econômica do contribuinte segundo critérios fixados em lei complementar".

56 Ibid., p. 66

57 Conti, José Maurício. **Princípios tributários da capacidade contributiva e da progressividade.** São Paulo: Dialética, 1997, p. 39.

58 Ibidem.

59 BRASIL. Senado Federal. Portal da Constituição Cidadã. **Anteprojeto Afonso Arinos**. Disponível em https://www2.camara.leg.br/atividade-legislativa/legislacao/Constituicoes_Brasileiras/constituicao-cidada/o-processo-constituinte/antecendentes. Acesso em 25 jan. 2022.

Sobre o texto, José Maurício de Conti[60] ressalta dois aspectos relevantes, quais sejam, a proposta faz referência a tributos, não a impostos, o que caracteriza maior amplitude do princípio. O segundo diz respeito à expressão "sempre que possível", que denota claramente a intenção do constituinte de se referir ao caráter pessoal.

Após algumas modificações e intensos debates no da Assembleia Nacional Constituinte, chegou-se ao texto final, atualmente insculpido no art. 145, §1º da Constituição Federal promulgada em outubro de 1988, que dispõe que:

> Art. 145. §1º Sempre que possível, os impostos terão caráter pessoal e serão graduados segundo a capacidade econômica do contribuinte, facultado à administração tributária, especialmente para conferir efetividade a esses objetivos, identificar, respeitados os direitos individuais e nos termos da lei, o patrimônio, os rendimentos e as atividades econômicas do contribuinte.

Apesar de constar no texto constitucional a expressão "capacidade econômica", cuja divergência e distinção doutrinária serão abordadas no tópico 1.3.3.3 deste trabalho, tem-se que o art. 145, §1º da Carta de 1988 é o que consagra o princípio da capacidade contributiva o ordenamento jurídico vigente.

O contexto histórico, portanto, traz a dimensão da importância constitucional tributária deste princípio para o nosso sistema jurídico, que serve como um instrumento a favor da justiça tributária.

Essa questão é muito bem sintetizada por Cleucio Santos Nunes[61], vejamos:

> A partir do citado histórico é importante pontuar que o princípio da capacidade contributiva tem inegável vocação para a realização da ideia de justiça na tributação, por meio de outro princípio essencial para o Direito e também para a justiça, que é a equidade. A pretensão histórica da capacidade contributiva foi afirmar o entendimento de que todos deverão arcar com as des-

60 Conti, op. cit., loc. cit.
61 Nunes. 2019, p. 67.

pesas do Estado. A questão que atravessa os anos é determinar qual a quota "justa" de cada contribuinte.

Nessa extensão, voltando os olhos para o Imposto sobre Grandes Fortunas, que é o objeto cardinal deste trabalho, o princípio da capacidade contributiva figura como um dos, se não o mais importante princípio tributário a ser observado para implementação do mencionado imposto.

Com efeito, a origem da criação do IGF possui um propósito ou ideal muito além da finalidade puramente arrecadatória, surge como uma ideia de justiça, de equidade.

Ora, a par da finalidade arrecadatória dos tributos e da necessidade de custeio do Estado, agrega-se a ideia de que cada membro contribui na medida de sua capacidade. É exatamente esse o ponto crucial que faz com que a imensa maioria dos cidadãos que, se fossem questionados, responderiam pela necessidade de implementação de um imposto – IGF – que onerariam mais aqueles que podem pagar mais. Ou seja, o contribuinte que possui grandes fortunas tem a capacidade de suportar um ônus maior. Ao contrário daquele contribuinte que vive com o mínimo e, portanto, não pode suportar ônus nenhum – isento –, ou suportará em escala bem menor.

Significa dizer, o critério de justiça para materialização do princípio da capacidade contributiva é a graduação segundo a capacidade econômica do contribuinte.

Assim, o referido princípio tributário deve ser observado com o fito de que a exação seja medida conforme as possibilidades econômicas do contribuinte, de modo que lhe seja assegurado que a cobrança da tributação não seja maior do que o que ele possa oferecer, prejudicando sua mantença, bem como que seja suprimido todo e qualquer efeito confiscatório decorrente do excesso de exação.

Nesse sentido, a capacidade contributiva atuará como um "...limite da tributação, permitindo a manutenção do 'mínimo vital' e obstando que a progressividade tributária atinja níveis de confisco"[62], nos dizeres de Regina Helena Costa.

[62] Costa, Regina Helena. **Princípio da Capacidade Contributiva.** São Paulo: Malheiros, 2003. p. 30-31.

No contexto atual, os projetos de lei complementar já apresentados, a exemplo dos citados no início deste capítulo, propõem a instituição do Imposto sobre Grandes Fortunas com alíquotas graduais, o que, em linhas gerais, demonstram, pragmaticamente, a aplicação e efetivação do princípio constitucional tributário.

Doutra margem, em oposição, Alfredo Augusto Becker[63] faz duras críticas à positivação do princípio da capacidade contributiva no texto constitucional.

Complementando o raciocínio, Cleucio Santos Nunes[64] explica:

> As críticas de Becker se justificam em razão do alinhamento de sua Teoria Geral do Direito Tributário à argumentação positiva do Direito, que rompe asperamente com o Direito natural e guarda severas críticas à juridicidade dos princípios. (...) Becker ataca a transposição da capacidade contributiva para o campo da normatividade, porque, segundo seu entendimento, o instituto teria nascido como regra de Direito natural e nesta área deveria ser examinado. (...)
>
> Em geral, as críticas ao princípio da capacidade contributiva se explicam por não conseguir romper a fronteira entre a tributação e a Ciência das Finanças. A justiça distributiva, de embriogenia política; e a teoria do benéfico, de forte influência financista, ofuscam o sentido jurídico da capacidade contributiva, exatamente no ponto em que sua explicação analítica não se subsidia de institutos normativos, mas de elementos empíricos captados de outros sistemas do conhecimento. Isso explica a resistência por parte de alguns juristas à admissão da capacidade contributiva ao rol dos princípios jurídicos.

Neste diapasão, em que pese as críticas de Alfredo Augusto Becker acerca da previsão expressa no texto constitucional do princípio da capacidade contributiva, a par do histórico constitucional acima delineado, não poderia ser outra a configuração sistemática da Carta Política de 88.

Ora, a atual Constituição, intitulada Cidadã, criada e pensada para o regime democrático, que tem sua essência fincada na garantia dos direi-

[63] Becker, Alfredo Augusto. **Teoria Geral do Direito Tributário.** 7. ed. São Paulo: Noeses, 2018, p. 515.

[64] Nunes, 2019, p. 49-50.

tos fundamentais, que possui o desenho de todo o sistema tributário nela previsto, não deixaria de expressar um princípio corolário do princípio da igualdade.

Posto isso, passamos a discorrer acerca das particularidades do referido princípio constitucional tributário.

1.3.3.1 Conceito jurídico-constitucional de capacidade contributiva

Entendido o contexto histórico do surgimento e continuidade do princípio da capacidade contributiva no Brasil, bem como as divergências que há entre alguns autores acerca da "constitucionalização" do princípio, passamos agora ao estudo do conceito jurídico-constitucional acerca do tema.

À primeira vista, a ideia geral da capacidade contributiva está radicada na teoria da capacidade de pagar, da Economia, como afirma Cleucio Santos Nunes[65], que complementa:

> Assim, o princípio jurídico da capacidade contributiva, visto e chamado na teoria econômica, de forma mais abrangente, "capacidade de pagar" procura desenvolver explicações a justificar o dever de todos em financiar a despesa pública, sem que cada contribuinte espere de volta algum benefício específico. No Brasil, a espécie tributária "imposto" cumpre a função de buscar a efetivação da capacidade de pagar (economia) ou a capacidade contributiva (direito), na medida em que será exigido independentemente de qualquer contraprestação específica em face do contribuinte que realizar o seu respectivo fato gerador, conforme definido no artigo 16 do Código Tributário Nacional. Nessa linha de entendimento, não é diferente o sentido do artigo 145, §1º da Constituição Federal ao prever que: "sempre que possível os impostos terão caráter pessoal e serão graduados segundo a capacidade econômica do contribuinte [...]."

Está superada a questão acerca da normatização do princípio da capacidade contributiva e qualquer dúvida colocada anteriormente colocada

[65] Nunes, 2019, p. 51.

sobre a adoção desse instituto no sistema tributário brasileiro. Ou seja, se em algum momento histórico houve dúvida acerca do acolhimento desse princípio no ordenamento jurídico pátrio, no sistema jurídico constitucional atual essa dúvida não remanesce mais.

Sob essa ótica jurídico constitucional, interessa ressaltar a tese defendida pela imensa maioria da doutrina que consiste na afirmação de que a observância do princípio da igualdade implica, necessariamente, na concretização do princípio da capacidade contributiva.

Nesse contexto, Paulo de Barros Carvalho[66] ensina que a instituição normativa de tributos está condicionada a submissão aos referidos princípios, que impõe limitais de ordem constitucional.

> Ao recortar, no plano da realidade social, aqueles fatos que julga de porte adequado para fazerem nascer a obrigação tributária, o político sai à procura de acontecimentos que sabe haverão de ser medidos segundo parâmetros econômicos, uma vez que o vínculo jurídico a eles atrelado deve ter como objeto uma prestação pecuniária. Em princípio, pode o legislador prever como hipótese qualquer fato social lícito, abrangendo, dessa maneira, tanto os permitidos quanto os obrigatórios. E será "em princípio" pois, justamente, a tarefa de eleição dos supostos tributários está visceralmente jungida à existência ou não de princípios retores da atividade impositiva do Estado, no mais das vezes alçados a nível constitucional. É o que acontece no Brasil, onde toda a elaboração legislativa tributária deve ser condicionada ao princípio da igualdade. O emprego deste cânone só é viável, em termos de tributação, na exata medida em que se considera a capacidade de contribuir de quem vai arcar com o gravame fiscal.

Significa dizer, a norma criadora do imposto, após o recorte social dos aspectos subjetivos como sexo, raça ou religião, deve buscar seu fundamento em parâmetros e aspectos econômicos, de modo que, a principal ferramenta que pode auxiliar o legislador nesse processo é a capacidade de contribuir do indivíduo que deve arcar com o ônus da exação.

[66] CARVALHO, Paulo de Barros. **Curso de Direito Tributário**. 17 ed. São Paulo: Saraiva, 2019

É seguro dizer, portanto, que a capacidade contributiva é um princípio jurídico que decorre, intrinsecamente, do princípio da igualdade.

A partir de então, é possível chegar à máxima jurídica filosófica aristotélica[67] que é tratar "igualmente os iguais e desigualmente os desiguais, na medida de sua desigualdade".

Nesse sentido, conclui Cleucio Santos Nunes[68]:

> Note-se que a capacidade contributiva, realmente, depende do princípio da igualdade para expressar sua finalidade principal, que é tributar desigualmente os desiguais intermediada, dentre outras exigências, pelas "possibilidades fáticas da mensuração da riqueza de cada qual.". O fato de o conceito de capacidade contributiva ser obtido com a intermediação de outros princípios, não desnatura o reconhecimento de que a capacidade contributiva é também um princípio jurídico [...].

Assim, a capacidade de contribuir pressupõe a ideia de que o indivíduo tenha o mínimo mensurável para que essa aptidão seja certificada. Ocorre que, a capacidade contributiva de um indivíduo mensurada com base no mínimo indispensável deve ser "descartada" para fins de tributação, frente a necessidade de observância do "mínimo vital" ou "mínimo existencial.

Noutras palavras, a tributação não pode servir como instrumento que sacrifique ainda mais a vida do indivíduo que já vive com o mínimo. Assim, a tributação deve ser graduada a fim de estabelecer um patamar mínimo, acima do montante do que pode ser considerado para o mínimo vital, que garanta ao indivíduo uma vida digna, a partir do qual poderá, então, incidir os impostos.

A partir dessa ideia é que surge o conceito ou a teoria da igualdade de sacrifício, que consiste, segundo John Stuart Mill[69], na igualdade de tributação: "Significa distribuir a contribuição de cada pessoa para as

67 Aristóteles. **Ética à Nicômaco.** Trad. Leonel Vallandro e Gerd Bornheim. São Paulo: Nova Cultural, 1987.

68 Nunes, 2019, p. 289.

69 Mill, John Stuart. **Princípios de economia Política.** Trad. Luiz João Baraúna. Coleção "Os economistas. São Paulo: Abril S.A. Cultural, 1983, p. 290.

despesas do governo de tal forma que ela não sinta nem mais nem menos incômodo, com a cota que lhe cabe pagar, do que qualquer outra sente, pagando a dela."

Nessa ordem de ideia, José Maurício de Conti[70] elucida muito bem esse conceito com o seguinte exemplo:

> Se duas pessoas têm rendas de R$ 1.000,00 e R$ 100.000,00, respectivamente, não lhes é imposto um igual sacrifício se de cada uma for retirada uma mesma quantia, como R$100,00, por exemplo. O primeiro contribuinte certamente sofrerá um maior sacrifício, ao ceder 10% de sua renda, do que o segundo, que cederá apenas 0,1% da sua renda. Também não sofreriam um igual sacrifício se o imposto retirasse de cada um parcela proporcional dos seus rendimentos, como por exemplo 10%. O sacrifício do primeiro contribuinte, ao ceder R$ 100,00 de sua renda, permanecendo, portanto, com uma disponibilidade de R$ 900,00, certamente será mais elevado do que aquele sacrifício imposto ao segundo ao se retirar R$ 10.000,00 de sua renda, deixando-o com uma disponibilidade de R$ 90.000,00. O primeiro contribuinte está cedendo ao Estado uma parte da sua renda que com toda certeza seria destinada a gastos com necessidades muito mais indispensáveis que as do segundo, o qual, após o imposto, será privado apenas de algumas necessidades supérfluas.

O clamor social para implementação do Imposto sobre Grandes Fortunas advém, justamente, desse conceito de igualdade de sacrifício acima exemplificado.

Assim, a ideia de tributar grandes fortunas condicionaria aqueles que detém tamanho patrimônio a sacrificarem-se, por igual, com aqueles que não detém fortuna nenhuma. E, ainda, far-se-ia necessário que, dentre os indivíduos possuidores de grandes fortunas, a tributação observasse uma espécie de graduação, para que, mesmo dentro desse grupo de "iguais", os mais "desiguais" sejam menos onerados. Seria, pois, a materialização do princípio da capacidade contributiva.

[70] CONTI, José Maurício. **Princípios tributários da capacidade contributiva e da progressividade.** São Paulo: Dialética, 1997, p. 31-32.

É o que Roque Antônio Carrazza[71] definiu como princípio que "determina a equitativa repartição dos encargos tributários entre os contribuintes".

Por fim, Humberto Ávila[72] considera que a previsão constitucional do artigo 145, parágrafo primeiro da Constituição Federal, ao dispor que os impostos serão graduados segundo a capacidade econômica dos contribuintes, é o instrumento que possibilita a preservação da capacidade das pessoas se desenvolverem uma vida digna, a livre iniciativa, o livre exercício de atividade econômica e a propriedade privada.

Para arrematar o conceito de capacidade contributiva, de maneira clara e completa, Cleucio Santos Nunes define como sendo a "aptidão do indivíduo em contribuir para o custeio das despesas públicas, mediante vínculo criado por lei, devendo-se buscar a máxima distribuição equitativa da carga tributária entre os contribuintes", e completa, corroborando a teoria de que a capacidade contributiva não pode ter por medida uma contraprestação do Estado para o indivíduo, "... respeitando o mínimo existencial, independentemente de qualquer benefício entregue pelo Estado de forma específica e direta ao contribuinte".

1.3.3.2 Capacidade contributiva objetiva e relativa

O conceito de capacidade contributiva pode ser analisado, ainda, sob dois critérios ou aspectos, que podem ser "absoluto" ou "objetivo e "relativo" ou "subjetivo".

Nesse sentido, diz-se de capacidade objetiva ou absoluta aquela em que se verifica a existência de uma alguma riqueza a ser tributada. Ou seja, sob a ótica do aspecto objetivo, o legislador deverá eleger, objetivamente, qual fato ou signo de riqueza será objeto de tributação, sem qualquer outra distinção.

Quanto ao critério objetivo, Regina Helena Costa[73] pontua que:

[71] CARRAZZA, Roque Antônio. **Curso de direito constitucional tributário.** 28. ed. São Paulo: Malheiros, 2012, p. 96.

[72] ÁVILA, Humberto. **Sistema constitucional tributário.** 3. ed. São Paulo: Saraiva, 2008, p. 370.

[73] COSTA, Regina Helena. **Princípio da capacidade contributiva.** 3. ed. São Paulo: Malheiros, 2003, p. 462.

> Fala-se em capacidade contributiva absoluta ou objetiva quando se está diante de um fato que se constitua numa manifestação de riqueza; refere-se o termo, nessa acepção, à atividade de eleição, pelo legislador, de eventos que demonstrem aptidão para concorrer às despesas públicas. Tais eventos, assim escolhidos, apontam para a existência de um sujeito passivo em potencial.

A mesma autora pontua ainda que a capacidade contributiva objetiva funciona como uma ferramenta limitadora que o legislador deve utilizar ao escolher quais fatos tributáveis comporão as hipóteses de incidência do tributo, de modo que somente aqueles que configurem signo de riqueza poderá ser utilizado.

Essa acepção objetiva aplica-se somente à espécie tributária de impostos.

Maurício Dalri Timm do Valle[74] vai conceituar a capacidade contributiva absoluta como:

> Diz-se capacidade contributiva absoluta ou objetiva aquela que se identifica no momento da eleição do fato que será absolutamente descrito na hipótese de incidência tributária. Nesse momento, não se cogitará de qualquer característica subjetiva, ou seja, relacionada ao sujeito que realizará o fato. Importará tão somente a manifestação objetivamente considerada do fato.

Luís Eduardo Schoueri[75] exemplifica esse conceito de forma didática:

> Assim, ser proprietário de um imóvel indica, objetivamente, ter capacidade contributiva; do mesmo modo, possuir um automóvel ou auferir renda. São todas situações que indicam, objetivamente, capacidade contributiva. São, melhor dizendo, signos presuntivos de riqueza.

[74] VALLE, Maurício Dalri Timm do. **Princípios constitucionais e regras-matrizes de incidência do imposto sobre produtos industrializados – IPI.** 1. ed. São Paulo: Noeses, 2016, p. 462.

[75] SCHOUERI, Luís Eduardo. **Direito tributário.** 9. ed. São Paulo: Saraiva Educação, 2019, p. 359.

Veja, pois, que autor fala em "signos presuntivos de riqueza", ou seja se trata de uma presunção, o que leva a concluir que há a possibilidade de um sujeito ostentar algum dos signos de riqueza tais como renda, bem móvel ou imóvel sem, contudo, ter capacidade contributiva. Nesse sentido, o autor utiliza o exemplo de um mendigo que é sorteado e ganha um automóvel.

Doutra margem, a capacidade contributiva sob o aspecto subjetivo ou relativo, é o que leva em conta características subjetivas do sujeito, ou seja, o sujeito é individualmente considerado. Nesse sentido, Regina Helena Costa sintetiza:

> [...] a capacidade contributiva relativa ou subjetiva – como a própria designação indica – reporta-se a um sujeito individualmente considerado. Expressa aquela aptidão de contribuir na medida das possibilidades econômicas determinada pessoa. Nesse plano, presente a capacidade contributiva in concreto, aquele potencial sujeito passivo torna-se efetivo – apto, pois, a absorver o impacto tributário.

Significa dizer, a capacidade contributiva está relacionada às características e condições pessoais do contribuinte.

Trata-se, precisamente, da capacidade de ser contribuinte.

Em linhas gerais, a aferição da capacidade de contribuir de um sujeito passa por análise geral, que superficialmente avalia se há signos de riqueza que podem se tornar objeto de tributação, e posteriormente, uma vez criada a norma tributária, a análise individual e particularizada das características do sujeito, ou seja, uma vez constata que há signos de riqueza, em qual medida e proporção esse indivíduo poderá contribuir para o custeio das despesas públicas. Em resumo, seria: há uma riqueza passível de tributação (capacidade objetiva) e, após, a avaliação da medida da parcela dessa riqueza que sofrerá o ônus da tributação.

Nesse caminhar, José Marcos Domingues de Oliveira[76] traduz muito bem a diferença da capacidade contributiva objetiva e relativa. A primeira é definida como "a existência de uma riqueza apta a ser tributada

[76] OLIVEIRA, José Marcos Domingues de. **Capacidade contributiva: conteúdo e eficácia do princípio.** Rio de Janeiro: Renovar, 1988, p. 36.

(capacidade contributiva como pressuposto de tributação)", e a segunda como "a parcela dessa riqueza que será objeto da tributação em face de condições individuais (capacidade contributiva como critério de graduação e limite do tributo)".

Luís Eduardo Schoueri[77] traz, ainda, a necessidade de observância, no bojo da acepção da capacidade contributiva relativa ou subjetiva, do mínimo existencial, destacando que:

> Nesta acepção relativa, parece que o Princípio da Capacidade Contributiva deve espraiar-se por todas as categorias tributárias: não tendo o contribuinte o mínimo para sua sobrevivência, não pode ele ser constrangido a contribuir para as despesas públicas, ainda que ele as tenha causado (o serviço público é, sempre, de interesse público, ainda que dirigido a alguém).

E acrescenta a questão relativa à vedação ao confisco no seio de entendimento da capacidade contributiva:

> No caso de tributo com efeito de confisco, o próprio constituinte tratou de estender a proteção a qualquer espécie tributária [...]. mínimo existencial e confisco oferecem as balizas da capacidade contributiva, no sentido subjetivo, que "começa além do mínimo necessário à existência humana digna e termina aquém do limite destruidor da propriedade". Assim, no sentido subjetivo, o Princípio da Capacidade Contributiva não se limita aos impostos.

Nesse caminhar, é fundamental transcrever o ensinamento de Aliomar Baleeiro[78], ao dispor que:

> Do ponto de vista subjetivo, a capacidade econômica somente se inicia após a dedução das despesas necessárias para a manutenção de uma existência digna para o contribuinte e sua família. (...) A capacidade econômica subjetiva corresponde a um conceito de renda ou patrimônio líquido pessoal, livremente disponível para o consumo e, assim, também para o pagamento de tributo. Dessa forma, se realizam os princípios constitucionalmente exi-

[77] Schoueri, 2019, p. 358.
[78] Baleeiro, 1998, p. 693

gidos da pessoalidade do imposto, proibição do confisco e igualdade, conforme dispõem os arts. 145, §1º, 150, II e IV da Constituição.

Conclui-se, portanto, que a conjugação dos aspectos objetivo ou absoluto e subjetivo ou relativo é materialização do princípio tributário normatizado no texto constitucional. Só então, a partir dessa dimensão, é que é possível cogitar a ideia de justiça ou equidade tributária.

No que tange ao Imposto sobre Grandes Fortunas, cujo nome, *de per si*, já exclui a possibilidade de inobservância do mínimo existencial, deve observar, necessariamente o princípio da capacidade contributiva nas duas acepções, sob pena de, em maior amplitude, incorrer em confisco.

A partir desse cenário, a título exemplificativo, poderíamos dizer a adoção genérica de "grandes fortunas", pelo legislador, como signo de riqueza abarca o conceito de capacidade contributiva objetiva, ou seja, o sujeito que possui grandes fortunas poderá sofrer exação. Após a criação e regulamentação do imposto, com as disposições normativas específicas acerca da base de cálculo e das alíquotas definidas gradualmente, é que será possível dar cumprimento ao princípio da capacidade contributiva na sua acepção relativa ou subjetiva. Só então, aquele sujeito possuidor de grandes fortunas é que será efetivamente tributado na proporção de sua capacidade de contribuir.

Por derradeiro, acentuamos o ensinamento de Paulo de Barros Carvalho[79], que leciona:

> [...] realizar o princípio pré-jurídico da capacidade contributiva absoluta ou objetiva retrata a eleição pela autoridade legislativa competente, de fatos que ostentem signos de riqueza; por outro lado, tornar efetivo o princípio da capacidade contributiva relativa ou subjetiva quer expressar a repartição do impacto tributário, de tal modo que os participantes do acontecimento contribuam de acordo com o tamanho econômico do evento.

Finalizadas as considerações acerca da classificação do princípio da capacidade contributiva nos seus aspectos objetivo e subjetivo, passamos

[79] Carvalho, 2008, p. 305.

para a classificação relativa à diferenciação doutrinária calcada nos conceitos de capacidade contributiva e a capacidade econômica.

1.3.3.3 Capacidade econômica x capacidade contributiva

O conceito do princípio em epígrafe abrange ainda a diferenciação entre capacidade econômica e capacidade contributiva, sobretudo, porque a Constituição Federal prescreve no artigo 145, parágrafo primeiro que "Sempre que possível, os impostos terão caráter pessoal e serão graduados segundo a capacidade econômica do contribuinte (...)". Veja, pois, que a Constituição faz referência à "capacidade econômica".

Diversos autores[80], como Hugo de Brito Machado, Fernando Zilveti, Micaela Dominguez Dutra e Carlos Araújo Leonetti, entendem que a as locuções são sinônimas, cuja diferenciação não é relevante para o Direito.

Doutra margem, em que pese as expressões serem comumente utilizadas e entendidas como sinônimo, inclusive, quando da interpretação constitucional do art. 145, §1º da Carta Magna, faz-se necessário realizar a diferenciação dos conceitos para melhor compreensão do tema objeto deste trabalho.

Pois bem, passamos à diferenciação dos referidos conceitos.

José Maurício Conti[81] explica que:

> A capacidade econômica é aquela que todos – ou quase todos – têm. É a aptidão dos indivíduos de obter riquezas – exteriorizada sob a forma de renda, consumo ou patrimônio. Tem capacidade econômica qualquer indivíduo que disponha de alguma riqueza ou de aptidão para obtê-la.
>
> Já a capacidade contributiva – e fazemos a análise aqui apenas quanto ao seu aspecto subjetivo, que dá origem às diversas interpretações – refere-se à capacidade dos indivíduos de arcar com os ônus tributários, de pagar tributos.
>
> A capacidade contributiva é, pois, uma capacidade econômica específica – refere-se à aptidão para suportar determinada carga tributária.

80 Nunes, 2019, p. 55-56.
81 Conti, 1997, p. 35-36.

Maurício Dalri Timm do Valle[82] também conceitua estes institutos:

> Diz-se que o sujeito possui capacidade econômica quando é apto a obter riqueza. Se essa riqueza foi superior necessário para fazer frente as despesas relativas à manutenção do mínimo vital e, ainda, se houver relação jurídica tributária entre ele e o Estado, o sujeito passa a demonstrar capacidade contributiva.

Nesse sentido, José Maurício Conti[83] esclarece, ainda, que o conceito de capacidade econômica possui natureza mais voltada à ciência econômica, enquanto o conceito de capacidade contributiva possui natureza essencialmente jurídica.

Nessa linha de entendimento, Cleucio Santos Nunes[84] acrescenta que a capacidade econômica tem natureza sociológica ou econômica, tendo em vista que se presta a descrição de uma situação fatual, qualificada pela existência de renda ou se riqueza do indivíduo. Por outro lado, a capacidade contributa tem conotação jurídica, uma vez que procura estabelecer uma relação obrigacional entre o sujeito e o Estado.

A título de ilustração, cita-se o exemplo dado por Kiyoshi Harada:

> Um cidadão que usufrui renda tem capacidade contributiva perante o país em que a recebeu; já um cidadão rico, de passagem pelo país, tem capacidade econômica, mas não tem capacidade contributiva, por ele tem rendimento suficientes para suportar tributos, mas não há nenhuma relação jurídica que o vincule ao Fisco do país pelo qual transita. Assim, não tem capacidade contributiva neste país[85].

É possível concluir, portanto, que a capacidade contributiva pressupõe a capacidade econômica. Cleucio Santos Nunes[86] vai dizer, ainda,

[82] Valle, 2016, p. 464.
[83] Conti, 1997, p. 36.
[84] Nunes, 2019, 54
[85] Harada, Kiyoshi. **Sistema tributário da constituição federal de 1988. Tributação progressiva.** São Paulo: Saraiva, 1991, p. 165.
[86] Nunes, op., cit., p. 56-57

que a capacidade contributiva é uma lapidação da capacidade econômica cujo objetivo é o exame dos aspectos da capacidade econômica que conduzam para uma tributação equitativa.

Nessa ordem de ideia, não se pode olvidar que a aferição da capacidade contributiva deve observar, ainda, a necessidade de manutenção do mínimo existencial, o que nos leva a concluir que um sujeito pode ter capacidade econômica sem, contudo, possuir capacidade contributiva, em razão de, apesar de possuir alguma riqueza, essa destinar-se tão somente para cobrir despesas essenciais para a existência digna do indivíduo, ou seja, a renda por ele auferida está dentro do que é entendido por "mínimo vital".

Nesse sentido, José Maurício Conti[87] é pontual ao afirmar:

> Há, portanto, necessidade de se estabelecer, nas diversas formas pelas quais a capacidade econômica das pessoas se exterioriza, o que – ou quanto – não pode ser tributado, por atingir o mínimo indispensável à satisfação das necessidades humanas básicas. A ideia é a de que, levando-se em consideração as necessidades das pessoas dentro do contexto social, cultural e econômico em que vivem, sejam reconhecidos como não tributáveis os fatos que, embora exteriorizem alguma capacidade econômica, não indicam capacidade contributiva.

Nesse contexto, destaca-se ainda a observação que José Maurício Conti[88] faz, citando o entendimento de Luigi F. Natoli, ao afirmar que capacidade contributiva possui natureza "essencialmente", mas não "exclusivamente" econômica.

Em que pese as diferenças conceituais, Cleucio Santos Nunes[89] esclarece que:

> Na Constituição vigente, a previsão de que os impostos serão graduados de acordo com a capacidade contributiva de cada contribuinte afasta qualquer dúvida de que constituinte brasileiro não abraçou o princípio da capacidade

[87] Conti, 1997, p.54.
[88] Conti, 1997, p. 35.
[89] Nunes, 2019, p. 53.

contributiva. Nesse sentido, a locução "capacidade econômica" deve ser interpretada como sinônimo da capacidade contributiva, exatamente porque a Constituição visa a deixar claro que os impostos somente podem incidir sobre fatos econômicos e segundo a capacidade de pagar de cada contribuinte, o que pressupõe a fixação de um mínimo existencial.

Assim, é possível inferir que a capacidade contributiva só tem espaço depois de averiguada a capacidade econômica e salvaguardado o mínimo vital.

Conclui-se, portanto, que a diferenciação dos conceitos de capacidade contributiva e capacidade econômica tem lugar, sobretudo, no estudo que tem por objeto verificar a viabilidade de instrumentalização de um tributo, mais especificamente o Imposto sobre Grandes Fortunas, para que seja alcançada a equidade tributária.

O Imposto sobre Grandes Fortunas, inclusive, pode ser utilizado como exemplo na distinção dos referidos conceitos. Considerando a ausência de regulamentação do mencionado imposto no país, o sujeito que possui grandes fortunas tem, clara e inequivocadamente, capacidade econômica. Entretanto, em razão da ausência da relação obrigacional entre ele e o Estado, decorrente na ausência normativa do IGF, esse sujeito não possui capacidade contributiva.

Assim, tem-se que o conceito de capacidade contributiva reclama um estado de sujeição passiva do indivíduo à determinada obrigação tributária, estabelecida por lei e em consonância com as normas constitucionais do ordenamento jurídico tributário.

Depreende-se, por fim, que em que pese a Constituição Federal fazer uso da locução "capacidade econômica", é evidente que a interpretação a ser feita é sob a luz do conceito de capacidade contributiva, em razão da inequívoca preocupação do constituinte originário com o sujeito passivo da relação tributária acerca da sua capacidade de arcar ou não com o ônus decorrente da exação.

1.3.4 Princípio do Não-Confisco

O princípio do não-confisco ou da vedação ao confisco tem fundamento constitucional no art. 150, inciso IV da Carta de 1988, no qual dispõe que é vedado à União, aos Estados, ao Distrito Federal e aos Municípios utilizar tributo com efeito de confisco.

Veja, pois, que o princípio da vedação ao confisco, à semelhança de outros princípios tributários, encontra-se positivado no texto constitucional, tratando-se, portanto, de uma regra constitucional que impõe limites ao poder de tributar dos entes que detém competência tributária.

Esta, portanto, é a primeira observação que salta aos olhos no que tange o estudo do princípio da vedação ao confisco.

Outrossim, o dispositivo constitucional faz referência a tributo, diversamente do princípio da capacidade contributiva, estudado no tópico anterior, que faz referência específica aos impostos.

Em seguida, faz-se necessário entender o significado de confisco.

De forma bem sucinta e clara, Luís Eduardo Schoueri[90] vai dizer que o referido princípio diz respeito a ideia de proibição do exagero, no sentido de que, em sendo a carga tributária desmoderada a ponto de afetar a propriedade ou o exercício da atividade do contribuinte, restará configurado o efeito confiscatório do tributo.

José Maurício Conti[91] pontua que "é confiscatório o tributo que atinja o contribuinte de tal forma que venha a violar seu direito de propriedade sem a correspondente indenização".

Nesse sentido, verifica-se que o referido princípio se destina à proteção do direito de propriedade do contribuinte, excetuadas as hipóteses de desapropriação, de modo que a obrigação tributária não pode ser exorbitante a ponto de violar direitos fundamentais como o de propriedade, da existência digna, do livre exercício da atividade profissional e do mínimo vital.

Nessa ordem de ideia, interessa frisar o relevante julgado do Supremo Tribunal Federal[92] acerca do tema:

[90] SCHOUERI, Luís Eduardo. **Direito Tributário.** 9. ed. São Paulo: Saraiva Educação, 2019, p. 363.

[91] CONTI, 1997, p. 55.

[92] STF, ADI n. 2.010-2-DF (Medida Cautelar), Tribunal Pleno, rel. Min. Celso de Melo, j. 30.09.1999, D.J. 12.04.2022.

> A proibição constitucional do confisco em matéria tributária nada mais representa senão a interdição pela Carta Política, de qualquer pretensão governamental que possa conduzir, no campo da fiscalidade, à injusta apropriação estatal, no todo ou em parte, do patrimônio ou dos rendimentos dos contribuintes, comprometendo-lhes, pela insuportabilidade da carga tributária, o exercício do direito a uma existência digna, ou a prática de atividade profissional lícita, ou, ainda, a regular satisfação de suas necessidades vitais (educação, saúde, habitação, por exemplo).
> [...]
> Resulta configurado o caráter confiscatório de determinado tributo, sempre o efeito cumulativo – resultante das múltiplas incidências tributárias estabelecidas pela mesma entidade estatal – afetar, substancialmente, de maneira irrazoável, o patrimônio e/ou os rendimentos do contribuinte.
> O Poder Público, especialmente em sede de tributação, não pode agir imoderadamente, pois a atividade estatal acha-se essencialmente condicionada pelo princípio da razoabilidade.

A partir da leitura do precedente jurisprudencial acima transcrito, o excesso de exação que compromete direitos constitucionais fundamentais do contribuinte caracteriza o efeito confiscatório do tributo.

Nessa extensão, verifica-se que o texto constitucional não prescreve nenhum critério para averiguação de incidência do efeito confiscatório do tributo, de modo que essa definição recai sob a apreciação do Poder Judiciário, cujo entendimento jurisprudencial já demonstrou que a régua mensuração conta com a assistência de outros dois princípios constitucionais, o da proporcionalidade e da razoabilidade.

Assim, a análise do efeito confiscatório do tributo roga a análise tanto do critério quantitativo, quanto do critério qualitativo. Acerca do tema, pontua Luís Eduardo Schoueri[93]:

> Evidencia-se do debate a dificuldade quanto à quantificação do confisco. Melhor, daí, vê-lo como conceito indeterminado, afastando discussões quanto à existência de um número mágico, a partir de quando haverá con-

[93] SCHOUERI, 2019, p. 370.

fisco. Por um critério qualitativo, o efeito confiscatório se relaciona com o caráter insuportável da tributação da tributação. A expressão "imposto sufocante", da língua alemã, é precisa, para denotar a situação de desespero daquele que, por conta da tributação excessiva, fica desestimulado de continuar sua atividade produtiva, ou vê desestruturada sua vida pessoal e familiar. Nesse caso, estará presente o confisco, a exigir a intervenção do Poder Judiciário.

Luciano Amaro[94] recorda que o princípio da vedação ao confisco decorre do princípio da capacidade contributiva e atua junto com ele, uma vez que a capacidade econômica se materializa na aptidão para suportar a carga tributária sem que haja a perda da riqueza tributável que lhe dá lastro, calcada no mínimo existencial.

No ponto, Roque Antônio Carrazza[95] assevera que "não se pode, em homenagem aos princípios da capacidade contributiva e da não confiscatoriedade, assujeitar um mesmo fato econômico à incidência de tantos impostos, que acabem por retirar do contribuinte o mínimo vital a que estamos aludindo".

Veja, pois, que o efeito confiscatório pode figurar em dois principais momentos: quando tributa renda intributável, protegida pelo alcance do mínimo existencial, do sujeito que sequer possui capacidade contributiva; e quando tributa exageradamente o sujeito que, em pese detinha capacidade contributiva, passa a não ter em razão da insuportabilidade da carga tributária.

Nesse contexto, Ricardo Lobo Torres[96] leciona que "a capacidade contributiva começa além do mínimo necessário à existência humana digna e termina aquém do limite destruidor da propriedade".

Conclui-se, portanto, que a distinção da tributação legítima para a tributação confiscatória é o grau de incidência do ônus tributário, avaliadas as capacidades econômica e contributiva do contribuinte.

[94] AMARO, Luciano. **Direito Tributário brasileiro.** 14. ed. p. 144.

[95] CARRAZZA, Roque Antônio. **Curso de direito constitucional tributário.** 24. ed. p. 102.

[96] TORRES, Ricardo Lodo. **Os direitos humanos e a tributação: imunidades e isonomia.** Rio de Janeiro: Renovar, 1995, p. 128.

Especificamente no que se refere ao Imposto sobre Grandes Fortunas, a aplicabilidade e observância do referido princípio é fundamental, de modo que a tributação não pode onerar sobremaneira o contribuinte que já sofre tributação da renda e do patrimônio pela incidência dos impostos já normatizados, sob pena de configuração do efeito confiscatório do tributo, que impeça ou dificulte exacerbadamente a atividade – sempre lícita – do contribuinte.

Nesse contexto, leciona José Maurício Conti[97]:

> O princípio constitucional que veda a tributação com efeito de confisco pode ser considerado como derivado da ideia de capacidade contributiva. Isto porque, ao assumir caráter confiscatório, o tributo estará atingindo valor que excede a capacidade contributiva. Poderá até o indivíduo dispor de recursos com os quais tenha possibilidade de arcar com o ônus fiscal – ou seja, poderá ter capacidade econômica e mesmo financeira –, no entanto não terá capacidade contributiva, em razão da ilegitimidade de que se revestirá a imposição, que atinge seu direito de propriedade.

Talvez esse seja o argumento mais utilizado por aqueles que defendem a desnecessidade de regulamentação do Imposto sobre Grandes Fortunas no Brasil, qual seja, a configuração do efeito confiscatório que torne insuportável a carga tributária no país, o que provocaria a fuga de capitais e outras consequências de ordem econômica e política no país.

Conclui-se, portanto, que o princípio da vedação ao confisco, consagrado no texto constitucional, configura verdadeira limitação ao poder de tributar aos entes descritos do *caput* do artigo 150 da Constituição Federal, de modo que a finalidade da exação tributária – pagamento das despesas públicas – não deve se sobrepor aos demais direitos fundamentais insculpidos na Carta Política, sob pena de inconstitucionalidade, configuração do efeito confiscatório e violação ao próprio conceito e natureza do tributo.

97 Conti, 1997, p. 55.

1.4 A experiência internacional na instituição de tributos sobre grandes fortunas

A França foi o país pioneiro na criação e implementação do Imposto sobre Grandes Fortunas, em 1982, quando o então presidente François Mitterand criou o *"Impôt sur lês Grandes Fortunes"*, cuja finalidade era de redistribuir riqueza, de modo que a receita da arrecadação era destinada para um programa social que garantisse uma renda mínima para os pobres, conforme ensina Ricardo Lobo Torres.[98]

A hipótese de incidência do referido imposto consistia no patrimônio do contribuinte que tivesse valor superior a três milhões de francos.

Entretanto, o referido imposto foi extinto em 1986 quando o então presidente Jacques Chirac assumiu o governo.

Após, quando da reeleição do presidente Mitterand em 1988, foi criado novamente o tributo com a mesma finalidade, mas agora intitulado *"Impôt de solidatité sur la fortune – ISF"*, que entrou em vigor em janeiro de 1989.

A partir de então, com a mudança de governos e contexto econômico, o Imposto sobre Grandes Fortunas no país francês sofreu diversas alterações quanto às alíquotas e base de cálculo.

Contudo, em decorrência, principalmente, da alta carga tributária, da fuga de capitais, e o acesso a paraísos fiscais, além do baixo impacto na arrecadação do imposto no PIB, a França extinguiu o Imposto sobre Grandes Fortunas em 2017, após a eleição do presidente Emmanuel Macron.

O cenário não foi muito diferente em outros países europeus.

Segundo a Organização para a Cooperação e Desenvolvimento Econômico – OCDE[99] – dentre os 37 países membros, 12 deles instituíram o Imposto sobre Grandes Fortunas: Alemanha, Espanha, França, Dinamarca, Áustria, Noruega, Islândia, Finlândia, Luxemburgo, Suécia, Suíça e Holanda.

[98] Torres, Ricardo Lobo. **Imposto sobre grandes fortunas no direito comparado. Direito Tributário e a reforma do sistema.** São Paulo: Editora Revista dos Tribunais, 2003, p. 98.

[99] OECD, Tax Policy Studies. Disponível em https://www.oecd-ilibrary.org/taxation/the-role-and-design-of-net-wealth-taxes-in-the-oecd_9789264290303-en. Acesso em 28 de março de 2022.

O relatório da OCDE, publicado em abril de 2018[100], traz diversas informações interessantes acerca do Imposto sobre Grandes Fortunas em diversos países europeus. Na tabela abaixo é possível verificar quais países instituíram o imposto e o período de vigência:

Table 4.1. Personal net wealth taxes covered in the chapter

	Countries	Name of the tax	Period of enforcement
Net wealth taxes in place in 2017	France[1]	*Impôt sur les grandes fortunes*, then renamed *Impôt de Solidarité sur la Fortune*	1982- Abolished in 1986 but re-introduced in 1989
	Norway	*Formuesskatt*	Introduced as a national tax in 1892
	Spain	*Impuesto sobre el Patrimonio*	1977 — 100% tax reduction introduced in 2008 but tax reinstated in 2011
	Switzerland	*Vermögenssteuer*	Gradual introduction by all cantons between 1840 and 1970
Historical net wealth taxes	Austria	*Vermögensteuer*	1954 - 1994
	Denmark	*Formueskat*	1903 - 1997
	Finland	*Varallisuusvero*	1919 - 2006
	Germany	*Vermögensteuergesetz*	1952 - 1997
	Ireland	Wealth Tax	1975 - 1978
	Luxembourg	Impôt sur la fortune (Net wealth tax)	1934 - 2006
	Netherlands	Vermogensbelasting	1965 - 2001
	Sweden	Förmögenhetsskatt (Wealth Tax)	1947, changed significantly in 1991, repealed in 2007

1. Chapter and table based on tax rules as of 1 September 2017. The French wealth tax has been replaced with a new real estate wealth tax since then.
Source: OECD Questionnaire on Current and Historical Net Wealth Taxes

TABELA 1: Países membros da OCDE que instituíram o Imposto sobre Grandes Fortunas.
Fonte: Dados OCDE

Dentre os países acima relacionados, é interessante observar as diferentes características dos tributos nos diversos países, variando quanto a abrangência, se nacional ou regional, quanto a incidência sobre pessoas físicas e/ou jurídicas e quanto a progressividade das alíquotas.

[100] OECD (2018), *The Role and Design of Net Wealth Taxes in the OECD*, OECD Tax Policy Studies, No. 26, OECD Publishing, Paris, Disponível em https://doi.org/10.1787/9789264290303-en. Acesso em 10 de abril de 2022.

A título exemplificativo, os dados exportados do relatório da OCDE demonstram a diversidade de incidência das alíquotas nos países membros da organização que instituíram o imposto, vejamos:

Figure 4.2. Bottom and top net wealth tax rates in 2017 or in the latest year of operation

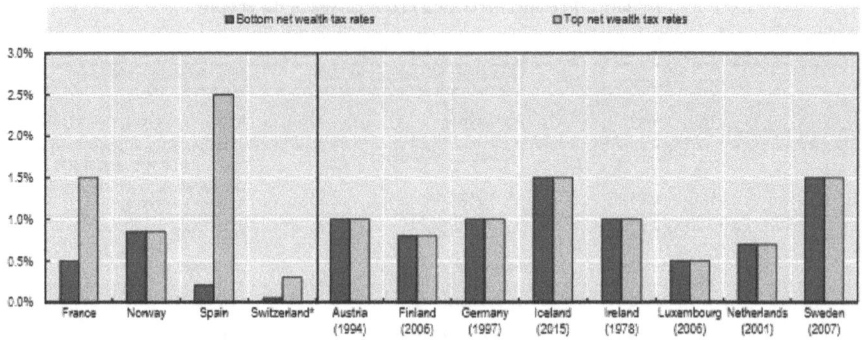

Note: * In Switzerland, tax rates in the canton of Zurich. No information for Denmark.
Source: OECD Questionnaire on Current and Historical Net Wealth Taxes

Tabela 2: Alíquotas mínima e máxima do Imposto sobre Grandes Fortunas nos países membros da OCDE que instituíram o imposto[101].

Atualmente, o imposto foi revogado na maioria dos países citados, em vigor apenas na Espanha, Noruega e Suíça.

Dentre os países em que ainda há a tributação sobre grandes fortunas, a partir dos dados emitidos pela OCDE, é possível observar o baixo impacto da arrecadação do referido imposto no PIB (GDP) dos países, conforme demonstrado abaixo:

[101] OECD (2018), *The Role and Design of Net Wealth Taxes in the OECD*, OECD Tax Policy Studies, No. 26, OECD Publishing, Paris, Disponível em https://doi.org/10.1787/9789264290303-en. Acesso em 10 de abril de 2022.

Figure 1.4. Revenues from individual net wealth taxes in France, Norway, Spain and Switzerland in different years

Revenues expressed as a share of GDP

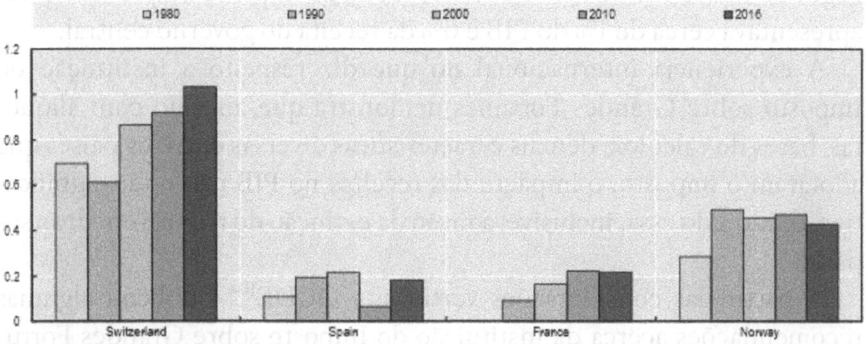

Source: OECD Revenue Statistics

TABELA 3: Impacto das receitas do Imposto sobre Grandes Fortunas da França, Noruega, Espanha e Suíça nos anos de 1980, 1990, 2000, 2010 e 2015, expressas em porcentagem do PIB[102].

Além dos países europeus, alguns países latino-americanos também instituíram o tributo, como Argentina, Colômbia e Uruguai, conforme destacam Pedro Carvalho Junior e Marc Morgan.[103]

Nesse contexto, os referidos autores ressaltam que na Colômbia o imposto fora criado em 1936 como um complemento ao imposto de renda, com exação sobre as riquezas de indivíduos e empresas. Atualmente, desde a reforma tributária em 2019, o imposto alcança apenas o patrimônio de pessoas físicas que seja superior a 5 bilhões de pesos sobre uma alíquota proporcional de 1%.

Já no Uruguai, o imposto foi introduzido em 1989. Abrangia a riqueza líquida de pessoas físicas e jurídicas que excediam a 4,17 milhões de pesos uruguaios em 2018. As alíquotas são progressivas e variam entre 0,5% e

[102] OECD (2018), *The Role and Design of Net Wealth Taxes in the OECD*, OECD Tax Policy Studies, No. 26, OECD Publishing, Paris, Disponível em https://doi.org/10.1787/9789264290303-en. Acesso em 10 de abril de 2022.

[103] CASTRO, Jorge Abrahão de. **Brasil: Estado social contra a barbárie** – São Paulo: Fundação Perseu Abramo, 2020, p. 105.

0,8% para indivíduos residentes e 0,8% a 1,5% para não residentes. Para empresas, a alíquota é proporcional de 1,5%, sendo 2,8% para entidades. Segundo dados emitidos em 2019, a receita do imposto no país uruguaio apresentava cerca de 1% do PIB e 6% da receita do governo central.

A experiencia internacional no que diz respeito a instituição do Imposto sobre Grandes Fortunas demonstra que, mesmo com alíquotas, bases de cálculo e demais características diversas entre os países que adotaram o imposto, o impacto das receitas no PIB não é tão significativo, tendo sido essa, inclusive, a razão da extinção do tributo em diversos países.

A partir das considerações vertidas, a OCDE[104] publicou algumas recomendações acerca da instituição do Imposto sobre Grandes Fortunas, tais como: adotar alíquotas baixas, sobretudo nos casos em que já há tributação pelo imposto de renda; adotar alíquotas progressivas; isenções e benefícios fiscais limitados; isenção para bens inerentes a continuidade da atividade profissional; avaliação e determinação da base de cálculo com base no valor de mercado dos bens; isenção para objetos pessoais e domésticos até determinado valor; manter constante o valor dos ativos de difícil avaliação ou o valor do patrimônio líquido total dos contribuintes por alguns anos para evitar reavaliações anuais; permitir que as dívidas sejam dedutíveis apenas se tiverem sido incorridas para adquirir ativos tributáveis – ou, se o limite de isenção fiscal for alto, considere limitar ainda mais a dedutibilidade da dívida; adotar medidas que permitam o parcelamento de contribuintes com restrições de liquidez; adotar transparência fiscal e troca de informações sobre os bens que os residentes detém em outras jurisdições; estabelecer regras que evitem a dupla tributação internacional; e avaliar periodicamente os efeitos do Imposto sobre Grandes Fortunas.

Conclui-se, portanto, que o impacto da tributação sobre fortunas nos países estrangeiros interfere desde a carga tributária individual a ser suportada pelos contribuintes até questões políticas e econômicas que

[104] OECD (2018), ***The Role and Design of Net Wealth Taxes in the OECD***, OECD Tax Policy Studies, No. 26, OECD Publishing, Paris, Disponível em https://doi.org/10.1787/9789264290303-en. Acesso em 10 de abril de 2022.

podem reverberar em outras nações, considerando a possibilidade de mudanças de domicílio fiscal e atração de investimentos no país.

A experiência internacional demonstra, portanto, que ainda não há um modelo sólido a ser perseguido e/ou adaptado que tenha surtido efeitos positivos quanto ao aspecto econômico – impacto da receita do imposto no PIB – ou quanto ao aspecto social – redistribuição de renda e auxílio aos mais pobres – a ponto de justificar e superar as despesas do estado com a arrecadação e fiscalização do imposto.

CAPÍTULO 2

TRIBUTAÇÃO DA RENDA COMO FERRAMENTA PARA ALCANÇAR A EQUIDADE NA TRIBUTAÇÃO

2.1 As funções dos tributos

Na análise dos tributos, dá-se ênfase ao pagamento demasiado de tributos e assuntos análogos a este, tais como alta carga tributária e as muitas espécies de impostos cobrados pelo Estado, contudo, pouca visibilidade se dá para as finalidades da arrecadação, de forma geral, para a destinação das receitas públicas necessárias a concreção do Estado Democrático de Direito como conhecemos na civilização ocidental.

É comum que se veja os tributos apenas como ferramentas de arrecadação, sendo ressaltada sua função fiscal. Na função fiscal, o tributo é mero instrumento para prover as receitas necessárias ao funcionalismo estatal. Celso de Barros Correia Neto[105] ressalta que seria a função mediata do tributo:

> No que se refere à atividade tributária, é comum afirmar-se que ela se volta à consecução do interesse público de duas maneiras: mediatamente, como meio de geração de receitas públicas, e imediatamente, como meio de intervenção na ordem econômica.
>
> Na primeira situação, diz-se que a persecução do interesse público não se dá diretamente pelo tributo, que apenas subministra recursos necessários à existência e ao funcionamento de instrumentos, instituições e sujeitos da Administração Pública, estes, sim, responsáveis pelo atendimento direto do

[105] Correia Neto, Celso de Barros. **O avesso do tributo: incentivos e renúncias fiscais no direito brasileiro**/ Celso de Barros Correia Neto. 2. ed. – São Paulo: Almedina, 2016. p. 81.

interesse público. Aqui, o caráter medial das exações faz ver a estrita vinculação entre receitas e despesas públicas, os dois lados da atividade financeira.

Assim, a fiscalidade pressupõe a mera arrecadação de receitas por meio da tributação, sem qualquer outra vocação que não seja cobrir as despesas públicas.

De toda forma, a doutrina atribuiu aos tributos três funções, sendo que de acordo com sua finalidade serão classificados em tributos fiscais, extrafiscais e parafiscais[106].

Em que pese seja popularmente ressaltada a função fiscal dos tributos, conforme acima exposto, a intervenção do estado através da tributação também é muito debatida, sendo tal intervenção atribuída à sua função extrafiscal.

Conforme explica Claudio Carneiro, a extrafiscalidade é utilizada pelo Estado para intervir e/ou regular as atividades econômicas, buscando objetivos além da arrecadação:

> Verifica-se, então, que a finalidade extrafiscal se utiliza de instrumentos tributários para fins que não são diretamente de natureza fiscal, mas sim com fins intervencionistas e regulatórios. Hodiernamente, a extrafiscalidade, ou seja, o tributo utilizado para interferir no comportamento dos indivíduos através de incentivos fiscais ou desestímulos a determinadas práticas que o Estado entende não serem satisfatórias ou mesmo que sejam desinteressantes [...][107]

O uso da extrafiscalidade – intervenção do Estado na economia através da tributação – se justifica na medida em que deve a autoridade estatal utilizar de todos os meios necessários ao alcance do bem comum e a equidade na tributação. Essas questões foram destacadas por Walter Barbosa Correa no preâmbulo de seus estudos sobre a extrafiscalidade:

[106] Carneiro, Claudio. **Curso de Direito Tributário e Financeiro /Claudio Carneiro** – 9. Ed. – São Paulo: Saraiva Educação, 2020. p. 242.

[107] Ibid. p. 242.

> A necessidade coletiva, que o Estado procura satisfazer por meio de serviços públicos, gera, por seu turno, a ânsia de conferir a determinados órgãos um poder que dirija a comunidade na busca do bem comum, visto como os indivíduos, mesmo reunidos, seriam incapazes de chegar à meta sem auxílio daquele poder diretor.
>
> [...]
>
> [...] no conjunto dos meios preordenados pelo Estado para suas finanças (a atividade financeira), estão incluídas as finanças fiscais e extrafiscais. As primeiras perseguindo a satisfação de fins públicos *indiretamente*, porque pretendem atingir recursos com os quais o Estado cumpre os fins públicos; as segundas, objetivando os fins públicos *diretamente*, por meio do estabelecimento de tributos e isenções que estimulem o comportamento dos cidadãos, ou com o recebimento de tributos que debilitem o patrimônio e a renda dos sujeitos alcançados, visando a modificar a estrutura da distribuição, dos patrimônios, das rendas e das condições políticas e sociais.[108]

Luís Eduardo Schoueri ensina que a essência da extrafiscalidade é induzir comportamentos desejados pelo Estado, sendo as normas tributárias indutoras uma espécie do gênero extrafiscalidade:

> O gênero da "extrafiscalidade" inclui todos os casos não vinculados nem à distribuição equitativa da carga tributária, nem à simplificação do sistema tributário. [...] Inclui, neste sentido além de normas com função indutora (que seria a extrafiscalidade em sentido estrito, como se verá abaixo), outras que também se movem por razões não fiscais, mas desvinculadas da busca do impulsionamento econômico por parte do Estado.[109]

Mesmo que a finalidade precípua do instituto seja induzir ou inibir atividades econômicas, o uso da extrafiscalidade na tributação deve observar os princípios constitucionais que resguardem o contribuinte de possíveis excessos por parte da autoridade tributária, de forma que

108 Correa, Walter Barbosa. **Contribuição ao estudo da extrafiscalidade**. 1964.Universidade de São Paulo, São Paulo, 1964. p. 7-9.

109 Schoueri, Luís Eduardo. **Normas Tributárias Indutoras e Intervenção Econômica.** Rio de Janeiro: Forense, 2005. p. 32.

o tributo não se torne confiscatório ou atente contra a capacidade contributiva na busca dos objetivos almejados pelo Estado na condução da atividade econômica por meio da tributação.[110]

Klaus Vogel ao tratar da extrafiscalidade no direito comparado afirmou a impossibilidade de se utilizar o instituto para inibir completamente uma atividade econômica, de forma a corroborar a conclusão acima disposta:

> O significado do fator finalidade para a delimitação constitucional das leis tributárias que regulam a economia esgota-se, assim, essencialmente na conclusão de que impostos asfixiantes, tributos que têm apenas o objetivo de impedir determinada atividade econômica, não são constitucionalmente permitidos. Que impostos asfixiantes não impostos (e, portanto, não permitidos) [...][111]

Leandro Paulsen, alicerçado nas lições de Martha Toribio Leão sobre o controle da extrafiscalidade, também reforçou a necessidade de observância das limitações constitucionais ao poder de tributar na utilização da extrafiscalidade:

> Aliás, a tributação extrafiscal está sujeita a duplo controle: o das limitações constitucionais ao exercício do poder de tributar e o dos limites inerentes ao "regime jurídico próprio dos mecanismos de intervenção sobre o domínio econômico", ou seja, dos limites "que se referem aos campos materiais influenciados", o que envolve os "princípios atinentes à ordem econômica (soberania nacional, propriedade privada e função social da propriedade, livre-iniciativa e livre concorrência, defesa do consumidor, busca do pleno emprego, tratamento favorecido para empresas de pequeno porte), além de outros princípios , como a defesa da família e a proteção da saúde pública". [112]

[110] Ibid. p. 225-227.

[111] Vogel, Klaus. em **Direito Tributário: estudos em homenagem ao Prof. Ruy Barbosa Nogueira** / Coordenador Brandão Machado. São Paulo: Saraiva, 1984.

[112] Paulsen, Leandro. **Curso de Direito Tributário Completo** – 13 ed. – São Paulo: SaraivaJur, 2022. p. 38.

Nesse ponto, devemos apenas fazer exceção à extrafiscalidade aplicada ao Imposto Predial e Territorial Urbano – IPTU – nos moldes do artigo 182, § 4º, inciso II da Constituição Federal, tendo em vista que a progressividade extrafiscal de suas alíquotas poderá levar à perda da propriedade, contudo, tal exceção constitucional se justifica pela observância ao princípio da função social da propriedade, descumprido de forma contumaz pelo proprietário do solo urbano.

Por fim, temos a função parafiscal do tributo, conforme lições de Paulo de Barros Carvalhos, "*podemos definir parafiscalidade como o fenômeno jurídico que consiste na circunstância de a lei tributária nomear sujeito ativo diverso da pessoa que a expediu, atribuindo-lhe a disponibilidade dos recursos auferidos, para o implemento de seus objetivos peculiares.*".[113]

Assim, a função parafiscal do tributo consiste em outorgar legalmente à pessoa jurídica de direito público a sujeição ativa do tributo – capacidade tributária – atribuindo-lhe também o produto da arrecadação.

2.2 A garantia dos direitos fundamentais através da tributação

A competência tributária é usualmente conceituada pela doutrina como a aptidão, outorgada constitucionalmente, para "criar" o tributo, observando-se o procedimento e as limitações contidas na Constituição Federal. Deste modo, ressalvadas as limitações constitucionais, compreenderia a atividade legislativa plena a ser desenvolvida pelos entes políticos na instituição dos tributos constitucionalmente previstos.[114]

Com o intuito de incorporar o conceito de competência tributária à disciplina das finanças públicas mostra-se oportuna às observações do professor Celso de Barros Correia Neto:

> A noção de atividade financeira confere unidade a uma estrutura bifronte de competências, que inclui, de um lado, as receitas, ou mais precisamente, o conjunto de competências arrecadatórias, e, de outro, as despesas públicas, ou seja, o conjunto de competências para realização do gasto público.[115]

[113] CARVALHO, Paulo de Barros. **Curso de direito tributário** / Paulo de Barros Carvalho. – 30. ed. – São Paulo: Saraiva Educação, 2019. p. 303.
[114] MACHADO, 2016, p. 276
[115] CORREIA NETO, 2016. p. 80.

Conforme se extrai da lição do autor retrocitado, a finalidade precípua do tributo é prover os cofres públicos de receitas com vistas a fazer frente ao gasto público e deste modo, podemos afirmar, possibilitar a promoção dos direitos e garantias fundamentais que dão forma ao Estado Brasileiro, conforme o conhecemos.

Nas palavras de Aliomar Baleeiro *"o Estado redistribui pelos canais da despesa o quanto retira do setor privado pelos tentáculos da receita"*. [116]

Com a finalidade de exemplificar o custeio dos direitos fundamentais através da tributação, observa-se as lições de Liam Murphy e Thomas Nagel, na obra "O mito da Propriedade", onde afirmam não haver possibilidade de exercer o direito à propriedade sem o Estado que o garanta, sendo a propriedade privada uma convenção jurídica definida em parte pelo pagamento de tributos, o que, por sua vez, garante a existência do Estado:

> O Estado não é dono de seus cidadãos nem estes são donos uns dos outros. Mas os cidadãos individuais só podem ser donos de alguma coisa quando existem leis promulgadas e impostas pelo Estado. Por isso, a tributação não é uma questão de como o Estado deve tomar e redistribuir algo que os cidadãos já possuem, mas de como deve determinar os direitos de propriedade.[117]

O direito a propriedade, ressaltamos, é apenas um dos direitos fundamentais garantidos pelo ordenamento constitucional vigente e nos atrevemos a afirmar que todos os demais também são garantidos, em boa medida, através da arrecadação tributária. Em defesa desta premissa citamos a lição de Ricardo Lobo Torres, que defende que o direito à liberdade também é garantido pelo tributo: *"As relações entre liberdade e tributo no Estado de Direito são de absoluta essencialidade. Não existe tributo sem liber-*

[116] Baleeiro, Aliomar. **Uma Introdução à Ciência das Finanças/ Aliomar Baleeiro.** – 18ª ed. ver. e atualizada por Hugo de Brito Machado Segundo. Rio de Janeiro: Forense, 2012. p. 220.

[117] Murphy, Liam; Nagel, Thomas. **O mito da propriedade privada: os impostos e a justiça.** Trad. Marcelo Brandão Cipolla. São Paulo: Martins Fontes, 2005. p. 242.

dade, e a liberdade desaparece quando não a garante o tributo. A própria definição de tributo se inicia na noção de liberdade".[118]

Carlos Henrique Machado sublinha que os tributos não compreendem mera *escolha política* de determinada sociedade; ao contrário, são precisamente uma *consequência* das escolhas. A decisão mais elementar de uma comunidade política não reside no volume de tributos que se pretende *pagar*, mas sim na extensão das despesas que a coletividade admite contrair.[119]

Nas palavras de José Casalta Nabais, o imposto *"não constitui um fim em si mesmo, antes é um meio, um instrumento de realização das tarefas (finais) do estado"*[120]. Este mesmo preceito podemos aplicar à tributação como um todo, pois, a atividade tributária, prima facie, tem como fim o abastecimento dos cofres públicos, que, por sua vez, possibilita a programação orçamentária tendente a realizar os objetivos da república e os direitos fundamentais de sua coletividade.

O dever fundamental de pagar tributos também é defendido por Leandro Paulsen:

> Contribuir para as despesas públicas constitui obrigação de tal modo necessária no âmbito de um Estado de direito democrático, em que as receitas tributárias são a fonte primordial de custeio das atividades públicas, que se revela na Constituição enquanto dever fundamental de todos os integrantes da sociedade. Somos, efetivamente, responsáveis diretos por viabilizar a existência e o funcionamento das instituições públicas em consonância com os desígnios constitucionais.[121]

O dever geral de pagar tributos é um elemento basilar na forma de Estado hoje vigente e essencial a garantia do bem comum: *"pressuposto*

[118] TORRES, Ricardo Lobo. **A ideia de Liberdade no Estado Patrimonial e no Estado Fiscal**. Rio de Janeiro: Renovar, 1991. p. 109.

[119] MACHADO, Carlos Henrique. **Modelo Multiportas no Direito Tributário.** Porto Alegre: Livraria do Advogado, 2021. p. 44.

[120] NABAIS, José Casalta. **O dever fundamental de pagar impostos**. Coimbra: Almedina, 1998. p. 226.

[121] PAULSEN. 2022. p. 27.

geral da existência e funcionamento do estado e consequentemente reconhecimento e garantia dos direitos fundamentais em seu conjunto".[122]

Ao tratar dos direitos fundamentais na atual forma de Estado adotada no Brasil, Liziane Angelotti Meira faz a seguinte observação:

> Nas sociedades modernas, todavia, cumpre ao Estado, nosso Estado Democrático de Direito, proteger um sem-número de valores e direitos considerados importantes pelos cidadãos. Assim, a função do legislador é escolher – [...] – os valores, traduzi-los em linguagem prescritiva – direito positivo – e, de forma coercitiva, impô-los a todos, organizando a sociedade.[123]

Para que haja organização social, a qual faz menção a autora, é necessário um Estado soberano, no qual é imprescindível que haja um orçamento público, sendo que a tributação constitui fonte de receitas públicas, dando concreção ao orçamento que por sua vez prevê políticas públicas que garantem os direitos considerados fundamentais pelos cidadãos, desta forma, voltamos a máxima de uma dependência cíclica: direitos, orçamento e tributação.

2.3 O IGF *versus* o imposto sobre a renda e proventos de qualquer natureza

Tendo em vista que a hipótese de incidência do IGF é possuir uma "grande fortuna" e considerando que este conceito está intrinsicamente atrelado ao conceito de renda, conforme explorado anteriormente, consideramos importante realizar uma comparação entre o IGF e o imposto de renda e proventos de qualquer natureza – IR, de forma a verificar a viabilidade de aplicação dos critérios informadores do IR ao IGF com o objetivo de se alcançar a equidade na instituição deste último.

Importante esclarecer que não iremos nos atentar às celeumas atuais em torno da tabela progressiva de incidência do IR, apenas aos critérios e

[122] NABAIS, op. cit., p. 59

[123] MEIRA, Liziane Angelotti. **Direitos Fundamentais e Tributação: salário, saúde, aposentadoria e tributação – tensão dialética.** In: BRANCO, Paulo; MEIRA, Liziane; CORREIA NETO, Celso de Barros (Org.). Tributação e Direitos Fundamentais – Conforme Jurisprudência do STF e do STJ. São Paulo: Saraiva, 2012. p. 228-229.

princípios que informam o referido imposto, com a finalidade de se perquirir quanto a aplicabilidade de tais critérios ao IGF.

No decorrer da história, a maior motivação para instituição do tributo foi a necessidade de angariar recursos aos cofres públicos. Foi essa a precípua motivação para criação do imposto sobre a renda no âmbito do ordenamento jurídico brasileiro.

Conforme esclarece Ubaldo Cesar Balthazar, foi em razão da crise econômica mundial da virada do século XX que o governo brasileiro percebeu a necessidade de se instituir um imposto sobre a renda individual para amenizar o déficit do erário. Após algumas tentativas de se adotar uma tributação sobre a renda, sendo a primeira delas a imposição de tributação sobre os subsídios, vencimentos e dividendos de pessoas que recebiam pelos cofres públicos – logo extinta em razão da *impopularidade* da medida – o imposto de renda restou de fato instituído em 1922 e efetivamente cobrado em 1924, passando então à realidade do ordenamento jurídico brasileiro[124].

A primeira constituição brasileira a prever o imposto de renda e proventos de qualquer natureza foi a Constituição da República de 1934, a qual outorgou à União a competência para "decretar impostos de renda e proventos de qualquer natureza" em seu artigo 6º[125]. Sobre as inovações

124 BALTHAZAR, Ubaldo Cesar. **História do Tributo no Brasil.** São Paulo: Boiteux, 2005. p. 112-113: Para o governo brasileiro, especialmente a fazenda pública nacional, essa modalidade de imposto seria mais uma forma de amenizar os déficits do Erário e não como um meio de equilibrar as riquezas entre ricos e pobres. Aliás, este aspecto da discussão praticamente não era abordado nas discussões internas. Antes da criação do imposto de renda propriamente dito, tivemos no país, durante o Império, algumas experiências de tributação que se aproximava do modelo pensado em 1922. Assim, em 1843, foram instituídos impostos sobre rendimentos (impostos sobre subsídios, vencimentos e dividendos; estes só atingiam as pessoas que recebessem vencimentos dos cofres públicos. (...) Entretanto esses impostos foram logo suprimidos em função da sua impopularidade. Em 1981 foram retomadas as discussões quanto à criação do IR. Este tributo tinha sua instituição defendida por Rui Barbosa e Rodrigues Alves, mas foi em tese impopular, por isso mesmo deixado de lado por alguns anos. (...) O imposto de renda foi criado em 1922, pelo artigo 31, da Lei de Orçamento nº 4.625, emendada em 1923. O imposto somente entrou em vigor em 1924, exercício em que passou a ser efetivamente cobrado.

125 BRASIL. Constituição da República dos Estados Unidos do Brasil, de 16 de julho de 1934. Disponível em: http://www.planalto.gov.br/ccivil_03/constituicao/constituicao34.htm

tributárias trazidas no texto da Constituição de 1934, destaca-se as observações de Ubaldo Cesar Balthazar:

> A Constituição de 1934, como podemos observar, apresentou-se um pouco mais evoluída, rígida e clara. Firmou a autonomia dos Municípios, os quais receberam alguns impostos privativos. Acrescentou novos impostos à competência da União, por exemplo, o imposto de renda, de consumo e proventos de qualquer natureza. Os Estados-Membros foram contemplados com o imposto de vendas e consignações. A bitributação era proibida apenas para evitar a duplicidade de impostos idênticos à União e aos Estados-Membros, inexistindo diante de impostos municipais.
>
> [...]
>
> Se ainda não foi o texto que mais sistematizou a legislação tributária, firmou princípios antes ausentes das Cartas anteriores, ou presentes de forma ainda implícita, ou limitada, como é o caso do princípio da imunidade recíproca. [...][126]

Após ser introduzido no ordenamento jurídico pela Constituição da República de 1934, o imposto de renda e proventos de qualquer natureza – IR – se consolidou no ordenamento jurídico pátrio, sendo replicado em todas as outras constituições.

No que se refere ao histórico constitucional do Imposto sobre Grandes Fortunas – tributo que consideramos o próximo incidente sobre rendas – este foi inovação trazida pela Constituição Federal de 1988, sendo seu histórico contemporâneo. Contudo, durante este trabalho poderemos concluir que sua implementação pode se dar pelos mesmos motivos pelos quais se instituiu o imposto de renda.

Para traçar uma linha comparativa entre o IGF e o IR, necessário ser faz ir além do histórico de criação do IR, dessa forma, passaremos a abordar a hipótese de incidência deste imposto e critérios informadores.

É conhecida a distinção doutrinária realizada entre o termo "hipótese de incidência" e a expressão "fato gerador", a diferenciação de tais institutos é amplamente defendida na obra de Geraldo Ataliba:

126 Ibidem, p. 116-118.

> 19.1 A h.i.; é primeiramente a descrição legal de um fato: é a formulação hipotética, prévia e genérica, contida na lei, de um fato (um espelho do fato, a imagem conceitual de um fato; é um desenho).
> É, portanto, mero conceito, necessariamente abstrato. É formulado pelo legislador fazendo abstração de qualquer fato concreto. Por isso é mera "previsão legal" (a lei é, por definição, abstrata, impessoal e geral).[127]

É de se observar, portanto, a impossibilidade de "fato gerador" ser expressão sinônima à "hipótese de incidência", pois essa é a mera descrição formal do acontecimento que enseja a obrigação tributária, sendo o fato gerador a efetiva realização da hipótese de incidência.

Partindo desse pressuposto, a hipótese de incidência do imposto de renda e proventos de qualquer natureza, conforme previsão do artigo 43 do Código Tributário Nacional é a "aquisição da disponibilidade econômica ou jurídica de renda, ou proventos de qualquer natureza"[128].

Neste ponto, faz-se imprescindível realizar o conceito de renda para fins de incidência do IR, tarefa árdua que inspirou inúmeros debates, teorias e trabalhos acadêmicos. Contudo, como não é o foco deste trabalho exaurir o conceito de renda para fins tributários, optamos pela didática e suscinta explicação oferecida por Hugo de Brito Machado:

> A formulação do conceito de renda tem sido feita pelos economistas e financistas. Não há, entretanto, uniformidade de entendimento. Assim, para fugir

[127] Ataliba, Geraldo. **Hipótese de Incidência Tributária.** 6. ed. São Paulo: Malheiros, 2004, p. 53.

[128] BRASIL. **Código Tributário Nacional.** Lei n. 5.172/1966. Art. 43. O imposto, de competência da União, sobre a renda e proventos de qualquer natureza tem como fato gerador a aquisição da disponibilidade econômica ou jurídica: I – de renda, assim entendido o produto do capital, do trabalho ou da combinação de ambos; II – de proventos de qualquer natureza, assim entendidos os acréscimos patrimoniais não compreendidos no inciso anterior. § 1º A incidência do imposto independe da denominação da receita ou do rendimento, da localização, condição jurídica ou nacionalidade da fonte, da origem e da forma de percepção. (Incluído pela Lcp nº 104, de 2001) § 2º Na hipótese de receita ou de rendimento oriundos do exterior, a lei estabelecerá as condições e o momento em que se dará sua disponibilidade, para fins de incidência do imposto referido neste artigo. (Incluído pela Lcp nº 104, de 2001)

> às questões relacionadas com o conceito de renda, referiu-se à Constituição também a proventos de qualquer natureza. Na expressão do Código, renda é sempre um produto, um resultado, quer do trabalho, quer do capital, quer da combinação desses dois fatores. Os demais acréscimos patrimoniais que não se comportem no conceito de renda são proventos.
> [...]
> Quando afirmamos que o conceito de *renda* envolve acréscimo patrimonial, como o conceito de *proventos* também envolve acréscimo patrimonial, não queremos dizer que escape à tributação a renda consumida. O que não se admite é a tributação de algo que na verdade em momento algum ingressou no patrimônio, implicando incremento do valor líquido deste. Como acréscimo se há de entender o que foi auferido, menos parcelas que a lei, expressa ou implicitamente, e sem violência à natureza das coisas, admite sejam diminuídas na determinação desse acréscimo. Tratando-se de contribuinte pessoa física, o legislador, em respeito à natureza das coisas, deve estabelecer como não tributável a parcela do que tenha sido auferido até o valor considerado como o mínimo existencial.[129]

Em comparação, Fernando Aurelio Zilveti nos apresenta um conceito mais objetivo:

> Entende-se por renda a importância recebida por alguém, geralmente de forma periódica, como remuneração do trabalho, lucro de operações comerciais, juros de investimentos, além de outros rendimentos. Não se exige, entretanto, que a renda tenha caráter periódico para ser classificada como tal.
> [...]
> Somente sujeitar-se-á ao imposto de renda, entretanto, a renda resultante da subtração do mínimo existencial de cada contribuinte, renda essa plenamente realizada.[130]

[129] Machado, Hugo de Brito. **Curso de Direito Tributário.** 37. ed. rev., atual. e ampl. São Paulo: Malheiros, 2016, p. 320-321.
[130] Zilvetti, 2004, p. 227-229.

Sintetizando as lições acima, tem-se que o conceito de renda para fins tributários deve observar a disponibilidade efetiva de recursos financeiros por parte do contribuinte, representando o ganho de riquezas, resguardado os ganhos necessários ao mínimo existencial. Neste último ponto, o imposto de renda das pessoas físicas é submetido à uma tabela progressiva[131] que delimita a faixa de renda não tributável de forma a manter indene o necessário para se viver e, de outro lado, garantir a observância da capacidade contributiva por meio da progressividade de suas alíquotas, em atenção ao disposto no parágrafo 2º do artigo 153 da CF/88[132].

Corroborando tal entendimento, citamos a lição de Luís Eduardo Schoueri e Roberto Quiroga Mosquera:

> De nossa parte, valemo-nos do princípio da capacidade contributiva, pois cada uma das circunstâncias apontadas pelo constituinte – nos arts. 153, 155 e 156 – na discriminação de competências para instituir impostos, constitui um fato signo presuntivo de capacidade contributiva. Assim, quando o constituinte admitiu que se instituísse um imposto sobre a renda e proventos de qualquer natureza, deu a entender que este fato econômico (renda e proventos de qualquer natureza) indica a existência de alguém em condições de contribuir para os gastos comuns do Estado.
>
> Feito o vínculo entre o princípio da capacidade contributiva e o fato gerador do imposto, parece claro que o legislador complementar, ao exigir que o imposto apenas fosse exigido na presença de uma disponibilidade, entendeu que, enquanto inexistir esta, não há, ainda, uma manifestação de capacidade contributiva. Assim, a renda estará disponível a partir do momento em que o contribuinte possa dela se valer para pagar o seu imposto. Em outras palavras: há disponibilidade quando o beneficiário desta pode, segundo seu

131 BRASIL. Lei 9.250 de 26 de dezembro de 1995. Art. 3º O imposto de renda incidente sobre os rendimentos de que tratam os arts. 7º, 8º e 12, da Lei nº 7.713, de 22 de dezembro de 1988, será calculado de acordo com a seguinte tabela progressiva em Reais: (...). Disponível em: http://www.planalto.gov.br/ccivil_03/leis/l9250.htm

132 BRASIL. Constituição Federal de 1988. Art. 153, § 2º O imposto previsto no inciso III: I – será informado pelos critérios da generalidade, da universalidade e da progressividade, na forma da lei; (...). Disponível em: http://www.planalto.gov.br/ccivil_03/constituicao/constituicao.htm.

entendimento, empregar os recursos para a destinação que lhe aprouver, inclusive para pagar os impostos.[133]

Além de observar o princípio da capacidade contributiva e, certamente, os demais princípios constitucionais regulamentadores da tributação, já tratados alhures, o parágrafo 2º do artigo 153 da CF/88, aponta critérios específicos do IR, os quais correspondem à princípios jurídicos[134] a serem observados em sua regulamentação, quais sejam: generalidade, universalidade e progressividade.

Aliomar Baleeiro[135], corroborando o contexto histórico delineado acima, afirma que a generalidade e a universalidade de tributação foram os meios para erradicar os privilégios conferidos a pessoas em razão do exercício de cargos ou funções e por via dos quais se abole o tratamento tributário desigual, estando tais princípios a serviço de uma democracia mais completa e concreta.

Ricardo Lobo Torres classifica as características específicas do IR como subprincípios da capacidade contributiva[136], de nossa parte, também consideramos correto afirmar que são corolários do princípio da igualdade, pois, buscam garantir a justiça fiscal e a equidade na tributação.[137]

Conforme explicam Luís Eduardo Schoueri e Roberto Quiroga Mosquera, a generalidade visa assegurar que o imposto seja exigido de todos, sendo que ninguém será excluído da tributação, estando o texto constitucional atento aos privilégios do passado ligados à cargos ou funções que não serão mais admitidos sob a ordenamento jurídico tributário estabe-

133 SCHOUERI, Luís Eduardo. **Manual da tributação direta da renda** / Luís Eduardo Schoueri; Roberto Quiroga Mosquera; Editor: Fernando Aurelio Zilveti – São Paulo, SP: IBDT, 2020, p. 15-16.

134 MACHADO, 2016, p. 325.

135 BALEEIRO, Aliomar. **Limitações ao Poder de Tributar**. 7. ed. rev. e compl. à luz da Constituição de 1988. Rio de Janeiro, Forense, 1998. p. 7.

136 TORRES, Ricardo Lobo. **Curso de direito financeiro e tributário** – 18ª edição, revista e atualizada/Ricardo Lobo Torres – Rio de Janeiro: Renovar. 2011. p. 380

137 SCHOUERI, op. cit., p. 16-22.

lecido pela Carta Magna de 1988, o qual será norteado pelo princípio da igualdade, expresso em seu artigo 150, II[138].

No que é pertinente à universalidade, temos que o imposto alcança "todos os elementos do patrimônio do qual o acréscimo é tributável, sem qualquer distinção"[139], impedindo que se exclua da tributação certas categorias de rendimentos. Este critério encontra-se expresso no parágrafo 1º do artigo 43 do CTN: "§ 1º A incidência do imposto independe da denominação da receita ou do rendimento, da localização, condição jurídica ou nacionalidade da fonte, da origem e da forma de percepção."

Ao explicar sobre a abrangência do IR, Luís Eduardo Schoueri e Roberto Quiroga Mosquera realizam a seguinte observação:

> Note-se que a universalidade, tal como regulada pelo CTN, vai além da mera inclusão de quaisquer rendimentos (independentemente de sua denominação ou condição jurídica), abrangendo, também, no aspecto espacial, o conceito de renda universal (worldwide taxation). O imposto de renda brasileiro não se limita a alcançar os rendimentos que aqui sejam produzidos; tributam-se, também, os rendimentos auferidos no exterior por residentes no País.[140]

Tal explicação deixa evidente que a intenção do legislador foi dar a maior efetividade possível ao imposto de renda, alcançando todas as rendas adquiridas pelos contribuintes brasileiros.

[138] Ibid., p. 16: A generalidade, enquanto critério, visa assegurar que ninguém seja excluído da tributação. É o oposto aos privilégios. Na história da tributação, muitos foram os privilegiados. Na Idade Média, clero e nobreza eram isentos da tributação, já que contribuíam para o bem comum (o primeiro com suas orações e a última com seu sangue), restando ao povo, daí, contribuir com seu bolso. Ainda recentemente, tivemos, no Brasil, classes que ficaram excluídas do imposto de renda, como os militares, os magistrados e os parlamentares. Tais privilégios por conta da profissão causavam ojeriza ao constituinte de 1988, que fez questão de inserir, no art. 150, II, ao tratar da igualdade, que fica proibida qualquer distinção em razão de ocupação profissional ou função exercida pelo contribuinte.

[139] Machado, 2016, p. 325.

[140] Schoueri, 2020, p. 17.

Por fim, o imposto de renda também observará o critério da progressividade. Conforme lição de De Plácido e Silva,[141] o termo progressividade "é empregado, notadamente, na terminologia do Direito Financeiro, para designar a situação de alguma coisa que aumenta em progressão, à elevação do valor da coisa sobre que se baseia". Em continuidade, informa que a progressividade "caracteriza-se pelo aumento crescente da tarifa ou dos elementos, que servem de base à verificação do imposto, em razão do aumento da cota ou da riqueza, em que vai incidir".[142]

A doutrina nacional sempre alinha a progressividade com conceitos e objetivos relacionados à justiça, igualdade, razoabilidade e capacidade contributiva, sendo perceptível que esses princípios informam a alíquota que será estabelecida por meio da legalidade.[143]

Nesse contexto é importante a contribuição de Misabel de Abreu Derzi e Sacha Calmon Navarro Coelho,[144] que, em um de seus manifestos sobre a progressividade, interliga o instituto aos princípios acima expostos, bem como elucidam que o uso da progressividade pelo legislador é discricionário e serve ao alcance de objetivos diversos no exercício do poder regulatório do Estado:

> Por progressividade entende-se a majoração da alíquota, à medida que cresce o valor da matéria tributável. Não é incompatível com o princípio da igualdade e da proporcionalidade. Ao contrário, é hoje pacificamente aceita, em segundo relata Uckmar, "da Alemanha à Áustria, da França à Itália, da Holanda à Suíça, da Inglaterra à Dinamarca, à Suécia, à Noruega, à Espanha, aos Estados Unidos, ao Canadá, ao México, à Austrália, ao Japão, pode-se dizer que não existiu um Estado onde no fim do século passado ou no princípio do presente, não existissem impostos com alíquotas progressivas".
>
> [...]

[141] SILVA, De Plácido e. **Vocabulário Jurídico.** Rio de Janeiro: Forense, 2001, p. 647.
[142] Ibid.
[143] DERZI, Misabel de Abreu e COELHO, Sacha Calmon Navarro. **O Imposto sobre a Propriedade Predial e Territorial Urbana.** São Paulo: Saraiva, 1982. p. 85-220.
[144] Ibid, p. 68-70.

> No sistema jurídico nacional, a progressividade não se impõe como um dever do legislador. Entendemo-la como uma faculdade ligada ao que lhe é discricionário.
>
> Poderá o legislador municipal adotar a tributação progressiva com objetivos diversos: ou para apurar a capacidade contributiva (o que seria até louvável) ou no exercício de seu poder regulatório.
>
> [...]
>
> O fato de que se demonstre, economicamente, segundo a utilização marginal do capital, que é correto cresçam as alíquotas na mesma proporção em que aumenta o valor da matéria tributável não tem, de per si, força jurígena.
>
> Não obstante, se o legislador se torna sensível ao problema pode, realizando e dando plena efetivação ao princípio da igualdade, criar alíquotas progressivas.

Das lições acima expostas, podemos concluir que a progressividade pode ser utilizada para fins meramente arrecadatórios, em sua modalidade fiscal, como também para "prestigiar, certas, situações, tidas como social, política ou economicamente valiosas, às quais o legislador dispensa tratamento mais confortável ou mais gravoso",[145] valendo-se da progressividade extrafiscal. Em se tratando do imposto de renda, temos que o legislador optou pela primeira, sendo a progressividade das alíquotas ligada, principalmente, ao viés meramente arrecadatório.

Por fim, em compasso com as lições de Luís Eduardo Schoueri e Roberto Quiroga Mosquera, temos que a progressividade também deve ser compreendida em face do princípio da igualdade, pois, em que pese, à priori, atenda ao princípio da capacidade contributiva, este instituto foi amplamente adotado como forma de realização da justiça distributiva.[146]

[145] CARVALHO, Paulo de Barros. **Curso de Direito Tributário.** 27. ed., São Paulo: Saraiva, 2016, p. 290.

[146] SCHOUERI, 2020, p. 20-22: Compreendido o conceito de progressividade, devemos compreendê-la em face do princípio da igualdade, já estudado. A progressividade em matéria tributária pode ser justificada e até exigida caso seja vista como um fenômeno que complementa e concretiza o princípio da capacidade contributiva. Esta ideia liga-se, do ponto de vista econômico, ao pensamento utilitarista, que deu base à teoria do sacrifício, segundo o qual deve o tributo implicar sacrifício equivalente de contribuintes com igual capacidade. Diferentes capacidades contributivas, por sua vez, implicariam

Concluindo, temos que o IR possui função precipuamente arrecadatória, angariando recursos aos cofres públicos, representando atualmente uma das maiores fontes de receita tributária da União[147], sendo que, ao observar os critérios da generalidade, universalidade e progressividade, consagra o princípio da capacidade contributiva e prestigia, ao mesmo tempo, o princípio da igualdade promovendo, em certa medida, a justiça fiscal.

Assim, temos como legítimo que os mesmos critérios informadores do IR sejam ressaltados e aplicados quando da regulamentação do IGF, de forma a homenagear os princípios informadores da equidade tributária, contudo, é de se observar, com base nos estudos já demonstrados no capítulo anterior, que o IGF não terá a mesma capacidade arrecadatória do IR, pois, mesmo que observe os critérios da generalidade, universalidade e progressividade, alcançará um número muito inferior de contribuintes. Supomos que sua arrecadação será menor frente ao IR.

2.4 O instituto da progressividade e sua possível aplicação ao IGF

De todas as características do IR, a mais relevante para fins de alcançar a equidade na tributação, em nossa percepção, é a progressividade, a qual

tratamento diverso. A medida da diversidade deveria ser tal que assegurasse equivalência na quota de sacrifício. Assim, quanto maior a capacidade contributiva, maior o quinhão da contribuição às despesas comuns, para que se obtenha sacrifício equivalente. Ter-se-ia, então, a progressividade como exigência do princípio da capacidade contributiva, já que exigir idêntico percentual de contribuintes com capacidade contributiva diversa seria impor menor sacrifício relativamente àqueles com maior capacidade contributiva. (...) Ocorre que a teoria do sacrifício, enquanto causa da tributação, foi abandonada quando a teoria utilitarista passou a ser questionada diante da consideração de que não haveria critério seguro para determinar-se o que seja um sacrifício equivalente. Neste sentido, tampouco pode ser imediatamente aceita a afirmação de que a progressividade atende à capacidade contributiva, baseada na doutrina do sacrifício relativo. (...) O constituinte prestigiou a progressividade, enquanto forma de realização da justiça distributiva, ao exigir seu emprego na esfera do imposto de renda (art. 153, § 2º, I).

147 Dado coletada da Secretaria do Tesouro Nacional – Estimativa da Carga Tributária Bruta do Governo Geral – Última alteração: 30 de março de 2021. Disponível em https://sisweb.tesouro.gov.br/apex/f?p=2501:9::::9:P9_ID_PUBLICACAO:38233. Acesso em 02.05.2022.

aparece como consenso em quase todos os projetos de lei relacionados à implantação do IGF.

A aplicação da progressividade às alíquotas do IGF é questão de grande relevância para o imposto, pois, juntamente com a base de cálculo a alíquota é essencial para apresentar o alicerce de uma cobrança justa e condizente com a capacidade contributiva do sujeito passivo do imposto.

Conforme brevemente esclarecido no tópico anterior, no contexto do direito tributário, o estudo da progressividade vem sendo associado aos conceitos de justiça, igualdade e razoabilidade na exação fiscal, além da associação deste instituto à concreção dos princípios da função social e da capacidade contributiva[148].

Luciano Amaro afirma que "a progressividade não é uma decorrência necessária da capacidade contributiva, mas sim de um refinamento desse postulado", fazendo com que a alíquota do tributo seja maior para "as fatias mais altas de riqueza".[149]

A doutrina atribuiu classificações às diferentes formas de progressividade tributária, sendo o mais comum qualificá-la em progressividade fiscal e extrafiscal. Essas duas classificações são as mais relevantes para fins de se perquirir sua aplicação ao IGF, pois, norteará a finalidade deste tributo.

Ao tratarmos da progressividade aplicada ao IR, verificamos que a progressividade extrafiscal é aquela pela qual o estado utiliza a alíquota do tributo para fins outros que não os meramente arrecadatórios. Solidificando tal entendimento, disciplina Robson de Oliveira Aguiar:

> A esta espécie de progressividade, que tem a finalidade de apontar diretrizes e condutas que o Estado julga importantes para o bem-estar coletivo, por meio da qual se aumenta a alíquota para objetivos específicos, independentemente de alteração da base de cálculo, dá-se o nome de extrafiscal.[150]

[148] FERNANDES, Cintia Estefania. **IPTU – Texto e Contexto.** São Paulo: Quartier Latin, 2005. p.2004-2009.

[149] AMARO, Luciano. **Direito Tributário Brasileiro.** 16ª ed. São Paulo: Saraiva, 2010. p. 163.

[150] AGUIAR, Robson de Oliveira. **A progressividade fiscal do IPTU: uma questão republicana.** Revista Tributária e de Finanças Públicas, São Paulo, v. 18, n. 94, set/out-2010. p.279.

Ao tratarmos das funções dos tributos, verificamos que a extrafiscalidade é representada pela intervenção do Estado na esfera dos direitos do contribuinte com a finalidade de induzir condutas socialmente desejáveis ou desestimular condutas indesejáveis via tributação[151], sendo a progressividade das alíquotas uma eficaz ferramenta para o manejo da extrafiscalidade.

Necessário ressaltar que mesmo o tributo utilizado para fins extrafiscais terá também a finalidade fiscal, pois, a fiscalidade representa o carreamento de receitas aos cofres públicos, o que faz todos os tributos em menor ou maior medida, de sorte que não há que se falar em imposto ou tributo puramente extrafiscal ou puramente fiscal, o que ocorre é que uma das finalidades se sobressai à outra.[152]

É muito comum que obras versando sobre a instituição do IGF defendam a necessidade de se implantar a progressividade extrafiscal na incidência do imposto, atribuindo como efeitos da função extrafiscal a redução da concentração de riquezas e a promoção da justiça distributiva. Como exemplo, citamos Thiago Mafra Tancredo[153]:

> A extrafiscalidade almeja vincular a capacidade de arrecadação (função fiscal) com o acréscimo de objetivos sociais por intermédio deste imposto, estimulando ou desestimulando certos comportamentos dos contribuintes.
> [...]
> Trazendo esta análise da extrafiscalidade ao IGF é possível afirmar que se trata de principal argumento para a sua instituição, isso porque além da arrecadação aos cofres públicos, traria também maior justiça distributiva.

151 Correia Neto, 2016, p. 70-83

152 Correia Neto, 2016, p. 93-94: "O primeiro aspecto fundamental à noção de extrafiscalidade é a constatação de que os tributos são, em termos fáticos, capazes de produzir outros efeitos além da aquisição de receitas públicas. Alberto Deodato afirma que "o pensamento de que o tributo tem funções econômicas, sociais e políticas, data da criação dos primeiros tributos, nunca houve tributo neutro" (...) "porque os próprios impostos chamados de pura fiscalidade são transferidores de riquezas de uma para outra classe ou criadores de novas fontes de produção para o bem-estar social"."

153 Tancredo, Thiago Mafra. **Imposto sobre Grandes Fortunas: viabilidade de implementação no Brasil**. São Paulo: Editora Dialética, 2021. p. 81-82.

Thiago Mafra Tancredo ainda atribui como efeitos da extrafiscalidade aplicada ao IGF "uma modesta redução nas concentrações" de grandes riquezas.[154]

A utilização da progressividade em sua modalidade extrafiscal na regulação da incidência do IGF se justifica no objetivo de desconcentração das riquezas, promovendo uma nova fonte de renda para promoção do bem-estar social, bem como para se atender ao princípio da equidade. Entendemos ser evidente que a flutuação das alíquotas para atender aos desígnios do estado não seria, por si só, capaz de reduzir significativamente o acúmulo de grandes riquezas, mas de forma ponderada, atenderia ao princípio da capacidade contributiva e da equidade na tributação.

Ademais, a tributação progressiva por si só não seria suficiente para limitar o acúmulo de grandes fortunas, conforme defendem alguns doutrinadores[155], mas destinaria aos cofres públicos uma parcela dessas riquezas, que por sua vez, seria utilizada pelo estado em prol da coletividade e para o alcance dos objetivos da república.

Assim, concluímos que a progressividade deve ser aplicada ao IGF em observância ao princípio da capacidade contributiva e com a finalidade de prestigiar o alcance da equidade na tributação. A incerteza do potencial fiscal deste tributo nos faz acreditar que a utilização da progressividade não tem o fito principal de otimizar a arrecadação tributária, mas sim, de proporcionar por meio de alíquotas progressivas a desconcentração das riquezas, o que lhe concederia um viés extrafiscal.

2.5 Conceito de equidade e sua aplicação na matriz tributária

Ao desenvolver a obra Direito e Justiça, Alf Ross na busca do conceito de "direito vigente", realiza a comparação do sistema jurídico com um jogo de xadrez, perpassando pelas regras e interações humanas pertinentes

[154] Ibid. p. 83.

[155] MACHADO SEGUNDO, Hugo de Brito. **Código Tributário Nacional**: anotações à Constituição, ao Código Tributário Nacional e as leis complementares 87/1996 e 116/2003, 6ª ed. São Paulo: Atlas, 2017, p. 577: "Em razão de um apontado aumento na desigualdade social e econômica verificada no mundo, o uso da tributação como forma de limitar o acúmulo de grandes fortunas, e de angariar recursos para a promoção de políticas públicas destinadas a incrementar uma igualdade de oportunidades."

a este jogo, de modo a estabelecer um paralelo com as regras sociais – o direito:

> Ora, tudo isso demonstra que o jogo de xadrez pode ser tomado como um simples modelo daquilo que chamamos de fenômeno social. A vida social humana numa comunidade não é um caos de ações individuais mutuamente isoladas. Adquire o caráter de vida comunitária do próprio fato de que um grande número de ações individuais (não todas) são relevantes e têm significação relativamente a um conjunto de regras comuns.[156]

O direito, mesmo em seus conceitos mais restritos, traz em si a dinâmica da vida em sociedade, refletindo os valores e objetivos de uma nação ou comunidade, defendia Alf Ross que "a ciência do direito jamais poderá ser separada da sociologia do direito", ou seja, que o ramo que se ocupa das regras jurídicas, do sistema jurídico em abstrato, não poderia ignorar as "realidades do direito em ação", a vida real.[157]

Partindo dessa premissa, o campo jurídico normativo não poderá se afastar dos fatores sociais que o cercam, dessa forma, é correto afirmar que o sistema tributário nacional não pode ignorar os fatores sociais que permeiam as diferentes realidades dos contribuintes brasileiros. As desigualdades econômicas e a tendência a haver uma concentração de renda em poucos privilegiados devem influenciar na forma em que se constituem as normas que irão compor o sistema tributário.

Ao tratar do sistema do direito, Paulo de Barros Carvalho, também, ressaltou que o direito é indissociável das dinâmicas sociais, demonstrando que a hierarquia imposta aos normativos jurídicos não os afasta dos objetivos entabulados na Constituição Federal, que se encontram no topo da pirâmide normativa e exercem um papel unificador das normas, em torno dos objetivos nela traçados. Por oportuno, citamos:

> Assim sendo, as normas jurídicas formam um sistema, na medida em que se relacionam de várias maneiras, segundo um princípio unificador. Trata-se

156 Ross, Alf. **Direito e Justiça**.Trad. Edson Bini – revisão técnica Alysson Leandro Mascaro – Bauru, SP: Edipro, 2ª Ed., 2007. p. 37

157 Ibid. p. 42-43.

> do direito posto, que aparece no mundo integrado numa camada de linguagem prescritiva. Produto do homem para disciplinar a convivência social, o direito pertence à região ôntica dos objetos culturais, dirigindo-se, finalisticamente, ao campo material das condutas intersubjetivas.
>
> O sistema do direito oferece uma particularidade digna de registro: suas normas estão dispostas numa estrutura hierarquizada, regida pela fundamentação ou derivação que se opera tanto no aspecto material quanto no formal ou processual, o que lhe imprime possibilidade dinâmica, regulando, ele próprio, sua criação e suas transformações. Examinando o sistema de baixo para cima, cada unidade normativa se encontra fundada, material e formalmente, em normas superiores. Invertendo-se o prisma de observação, verifica- se que das regras superiores derivam, material e formalmente, regras de menor hierarquia. A Carta Magna exerce esse papel fundamental na dinâmica do sistema, pois nela estão traçadas as características dominantes das várias instituições que a legislação comum posteriormente desenvolverá. Sua existência imprime, decisivamente, caráter unitário ao conjunto, e a multiplicidade de normas, como entidades da mesma índole, lhe confere o timbre de homogeneidade. Isso autoriza dizermos que o sistema também empírico do direito é unitário e homogêneo, afirmação que vale para referência ao direito nacional de um país ou, para aludirmos ao direito internacional, composto pela conjunção do pluralismo dos sistemas nacionais.[158]

O sistema tributário nacional é comumente conceituado, de forma objetiva, como sendo o conjunto de normas que regulamentam a instituição, a cobrança, a arrecadação e a partilha de tributos. O sistema tributário nacional encontra-se incialmente consolidado na Constituição Federal e desenvolvido pela legislação tributária, um complexo conjunto de normas que lhe dão concretude.

Conforme lições de Cleucio Santos Nunes, a consolidação do sistema tributário na Constituição Federal é uma medida de segurança jurídica, pois, "assegura a unidade necessária que permita o escalonamento das normas tributárias em níveis hierárquicos".[159]

[158] CARVALHO, Paulo de Barros. **Direito tributário: linguagem e método**. 7. ed. rev. – São Paulo: Noeses, 2018. p. 268.

[159] NUNES. 2019, p 34.

As normas gerais de direito tributário deverão observar a sistemática normativa pertinentes à lei complementar, sendo que, conforme nos ensina Sacha Calmon Navarro Coelho, a "norma geral articula o sistema tributário da Constituição às legislações fiscais das pessoas políticas" tratando-se "de normas sobre como fazer normas em sede de tributação"[160], tais preceitos corroboram a necessidade de segurança jurídica necessária ao sistema que tem por objetivo a arrecadação de receitas ao Estado.

De toda sorte, a complexa estrutura do sistema tributário nacional não se encontra adstrito às leis em sentido restrito, mas sim à toda a legislação tributária. O artigo 96 do Código Tributário Nacional realizou a definição do termo "legislação tributária", de modo a fazer claro que o sistema tributário nacional será composto, além das leis em sentido restrito, pelos "tratados e as convenções internacionais, os decretos e as normas complementares que versem, no todo ou em parte, sobre tributos e relações jurídicas a eles pertinentes.".[161]

Hugo de Brito Machado ressalta em sua obra que o disposto no artigo 96 do CTN não tem o objetivo de restringir o conceito de legislação tributária às espécies normativas ali elencadas, mas apenas de mostrar a amplitude do conceito de legislação tributária frente ao conceito de lei tributária, a qual é utilizada pelo CTN em sentido restrito. Observa o autor que todos os atos normativos pertinentes à matéria tributária devem estar compreendidos no conceito de legislação tributária.[162]

Conforme já afirmamos acima, os sistemas jurídicos não podem se afastar dos fatores sociais que o cercam, dessa forma, toda a complexa estrutura de normas que compõem o sistema tributário nacional deve, observados os princípios normativos já explanados no capítulo um deste trabalho, buscar guiar-se pelo ideias de justiça fiscal.

A observância da necessidade se aliar os fatores sociais, políticos e econômicos que são intrínsecos à tributação aos contornos do sistema tributário nacional levou o professor Valcir Gassen a propor a utilização

[160] Coêlho, Sacha Calmon Navarro. **Curso de direito tributário brasileiro.** 17. ed. – Rio de Janeiro: Forense, 2020. p. 146.

[161] BRASIL. **Código Tributário Nacional** – Lei 5.172 de outubro de 1996 – disponível em: http://www.planalto.gov.br/ccivil_03/leis/l5172compilado.htm

[162] Machado, Hugo de Brito, 2016, p. 81-80.

da locução "matriz tributária" como a mais correta ao estudo do fenômeno da tributação.[163] Explica o autor que o conceito de matriz tributária se diferencia do conceito de sistema tributário por incorporar questões mais profundas, e não somente o sistema normativo:

> [...] incorpora, portanto, a noção de matriz tributária não só um conjunto de normas jurídicas regulando as relações entre o ente tributante e o contribuinte; não só a escolha feita das bases de incidência (renda, patrimônio e consumo) e sua consequente participação no total da arrecadação; não só as questões dogmáticas pertinentes à obrigação tributária; não só as opções que se faz no plano político de atendimento de determinados direitos fundamentais; não só às espécies tributárias existentes em determinado sistema tributário; não só a estrutura do Estado a partir de suas condições materiais de existência, no caso, das condições de funcionamento do Estado ofertadas pela arrecadação de tributos.[164]

Ao explanar sobre a expressão "matriz tributária", Cleucio Santos Nunes realizou a seguinte explicação:

> A locução "matriz tributária", portanto, é um canal de comunicação entre os diversos elementos empíricos e abstratos (neste último caso, especialmente, as normas e conceitos tributários) com a finalidade de apresentar argumentos que embasem um pacto que pretenda a efetivação da equidade e da justiça tributária, capaz de mobilizar todos, poder público, sociedade e academia em prol desse ajuste.[165]

Assim, em razão da abrangência do termo e sua melhor adequação ao estudo da justiça fiscal, entendemos como adequado a utilização da locução "matriz tributária" ao presente trabalho.

[163] GASSEN, Valcir. Matriz tributária brasileira: uma perspectiva para pensar o Estado, a Constituição e a Tributação no Brasil. In: GASSEN, Valcir (org.) Equidade e Eficiência da Matriz Tributária Brasileira: Diálogos sobre Estado, Constituição e Direito Tributário. Brasília: Consulex, 2012. p. 29-32.

[164] Ibidem. p. 32.

[165] NUNES. 2019. op. cit. p.046.

Conforme lições de José Maurício Conti, a matriz tributária deve guiar-se pelos ideais de justiça fiscal, sendo, para tanto, necessário se perquirir quanto a determinação precisa de justiça fiscal:

> A elaboração de uma estrutura tributária envolve diversas dificuldades. É necessário que se determinem quais critérios serão nela utilizados, bem como os princípios que a nortearão.
>
> A estrutura tributária deve guiar-se no sentido da Justiça Fiscal, e os critérios utilizados deverão ter por meta atingir esta Justiça Fiscal. Ela tem de ser justa, de modo a se fazer com que haja uma adequada distribuição do ônus tributário entre os indivíduos.
>
> Aparece então o que se pode considerar como sendo o principal problema na formação da estrutura tributária. Refiro-me à precisa determinação do conceito de Justiça, em especial o de Justiça Fiscal, sobre o qual estruturar-se-á o sistema tributário ideal.[166]

O autor, acima referenciado, esclarece que a determinação de um conceito de justiça fiscal se depara com teses vagas e imprecisas, de modo que a equidade se torna a resposta a tal necessidade, aparecendo como fundamento da justiça fiscal[167].

Por sua vez, encontramos variações sobre o conceito de equidade, sendo tal questão tema do estudo de Elza Antônia Pereira Cunha Boiteux. A autora demonstrou que o conceito jurídico de equidade encontra mais de uma perspectiva, confundindo-se com "o justo, com o próprio direito, com a igualdade, a retidão, a moderação, a fonte do direito e a justiça do caso concreto, entre inúmeras outras acepções.".[168]

Elza Antônia Pereira Cunha Boiteux realizou o estudo da equidade em diversos aspectos, acentuou o uso da equidade na interpretação das normas, de forma que ao se utilizar a equidade para se preencher lacu-

[166] Conti. 1997. op. cit. p.11.

[167] Ibidem. p. 12-13.

[168] Boiteaux, Elza Antônia Pereira Cunha. Variações sobre o conceito de equidade. In: Adeodato, João Maurício; BITTAR, Eduardo C.B. (org.) – Filosofia e Teoria Geral do Direito: estudos em homenagem a Tercia Sampaio Ferraz Junior por seu septuagésimo aniversário – São Paulo: Quartier Latin, 2011. p.322.

nas da legislação estaria se impondo um sentido ético à interpretação das normas; tratou da equidade como dever do juiz, quando a legislação assim impor; da equidade como faculdade do juiz, momento em que o magistrado "agregará a regra abstrata da indenização os sentimentos de justiça e de solidariedade, manifestados pela sociedade do seu tempo", trabalhando assim no conceito de justiça aplicado ao caso concreto; fez referência à equidade como regra de julgamento, quando a legislação assim o dispor.[169]

No que diz respeito ao plano da tributação, as lições de Elza Antônia Pereira Cunha Boiteux – em que pese fizessem referência à lei civil – estão em conformidade com o disposto no artigo 108 do Código Tributário Nacional, o qual dispõe que a equidade será utilizada de forma integrativa, sendo que na ausência de disposição legal expressa, poderá a autoridade competente utilizar a equidade, desde que sua utilização não resulte na dispensa do pagamento do tributo devido.

Quanto à aplicação da equidade na matriz tributária, concordamos com o posicionamento de Cleucio Santos Nunes, no sentido de que a equidade deve estar presente no momento da elaboração da legislação tributária, orientando o legislador ou a autoridade tributária competente na edição da norma, de forma a alcançar os ideais de justiça fiscal sem dar margem a discricionaridade das autoridades no momento da aplicação da norma:

> No âmbito da tributação, a equidade como fundamento da igualdade e da justiça estará mais bem alojada na lei do que exatamente na atuação da autoridade administrativa ou judicial. Seria aberta uma margem de discricionariedade muito grande a estas autoridades de poder arbitrar, ainda que perante o caso concreto, qual tributação seria mais justa, respeitadas as diferenças pessoais. [...] Assim, a equidade na tributação é fundamento que orientará o legislador, para no momento da elaboração da lei, verificar se suas regras auxiliam ou garantem a efetividade da isonomia em seu sentido vertical.[170]

169 Ibidem. p. 323-37.
170 Nunes. 2019, p.77-78.

Nesse sentindo, conforme realça Cleucio Santos Nunes, o conceito de equidade elaborado por Vicente Rao é o mais adequado ao estudo de sua aplicação à matriz tributária, pois que "inclui a equidade como elemento precedente à lei e que a ela se incorpora"[171]:

> Designa-se por equidade uma particular aplicação do princípio da igualdade às funções do legislador e do juiz, a fim de que, na elaboração das normas jurídicas e em suas adaptações aos casos concretos, todos os casos iguais, explícitos ou implícitos, sem exclusão, sejam tratados igualmente e com humanidade, ou benignidade, corrigindo-se, para este fim, a rigidez das fórmulas jurídicas, ou seus erros, ou omissões.[172]

Por fim, necessário tratar brevemente acerca do conceito de equidade vertical e equidade horizontal, por se tratar de conceitos pertinentes à tributação. Segundo lição de Liam Murphy e Thomas Nagel, a equidade vertical é inerente aos critérios orientadores da tributação uniformemente imposta aos contribuintes com rendas diversas (contribuintes com rendas distintas sofrem a mesma tributação), já a equidade horizontal seria inerente à imposição da mesma tributação aos contribuintes em igual situação de renda ou mesma capacidade contributiva. A equidade horizontal é expressa pela premissa "pessoas que têm a mesma renda (ou qualquer outro critério de avalição econômica) devem pagar a mesma quantidade de impostos".[173]

Na equidade vertical, não se observa a capacidade contributiva, sendo o caso do imposto fixo, o qual tem a pretensão formal de ser equitativo por tratar os contribuintes de maneira, literalmente, igual[174]. Contudo, a imposição de mesma tributação a contribuintes de rendas distintas não atende ao ideal de justiça na tributação, devendo ser observado critérios que estimulem a aferição da capacidade contributiva, de forma a

[171] Ibidem, p.78.

[172] NUNES apud RÁO. Vicente. O direito e a vida dos direitos. 5 ed. São Paulo: RT, 1999. p. 95.

[173] MURPHY, Liam; NAGEL, Thomas.2005. op. cit. p. 18 e 52.

[174] Ibidem. p. 19

não impor tributação extremamente onerosa àqueles que não podem suportá-la.

Fernando Aurelio Zilveti esclarece que há maior dificuldade em se implementar a equidade vertical do que a equidade horizontal, isso porque a implementação da equidade vertical pressupõe a determinação de critérios que possibilitem "estabelecer a melhor distribuição do ônus tributário entre contribuintes com capacidades econômicas diferentes.".[175]

Concluímos assim que a aplicação do conceito de equidade na matriz tributária deve observar as peculiaridades dos destinatários da norma tributária, de forma a prover um sistema legislativo orientado pelos princípios da capacidade contributiva, igualdade e legalidade, na busca do alcance da justiça fiscal.

2.6 A tributação da renda como ferramenta para alcançar a equidade na tributação

Conforme amplamente explorado na obra "Justiça Tributária" de Cleucio Santos Nunes, a matriz tributária brasileira privilegia a tributação incidente sobre o consumo. Tratando-se de tributação indireta, a qual representa extrema vantagem na arrecadação do Estado[176], por concentrar a responsabilidade tributária em "poucos" contribuintes de direito, que repassam os custos tributários – ao embutir o valor dos tributos nos custos dos bens e serviços – a uma massa de contribuintes de fato, representados pelos consumidores finais da cadeia, os quais verdadeiramente suportam o ônus da tributação.[177]

Já advertia Aliomar Baleeiro que "o sistema brasileiro está longe de, em conjunto, assentar sobre a capacidade contributiva", predominando

[175] Zilvetti, 2004. op. cit. p. 74.

[176] A técnica de embutir o valor dos tributos sobre bens e serviços, por si, oferece indiscutível facilidade de arrecadação para o Fisco, simplesmente porque, caso a inclusão dos tributos incidentes não seja realizada pelo contribuinte de direito, este é quem suportará os ônus financeiros dos tributos. Por outro lado, o consumidor final (contribuinte de fato), ao adquirir os produtos com tributos embutidos, não possui meios de se escusar do encargo tributário transferido pelo vendedor das mercadorias. (...) Nunes. 2019. op. cit. p.147.

[177] Nunes. 2019. p.145-150.

na matriz tributária tributos "reais e indiretos com nítida tendência regressiva"[178].

Necessário ressaltar que a regressividade da matriz tributária não se confunde com a regressividade tributária, está última é pertinente às alíquotas dos tributos, sendo que, "são regressivas quando diminuem na medida em que aumenta a base de cálculo"[179], já o sistema tributário regressivo se caracteriza pelo sacrifício dos cidadãos de menor renda, onde quem tem menor capacidade tributária arca com maior ônus tributário.

As disparidades econômicas entre os contribuintes devem ser sopesadas pelo legislador ao se instituir os tributos, de forma a garantir que cada um contribua com o financiamento das despesas do Estado na medida de suas possibilidades econômicas, de modo a se garantir que a tributação não retire do contribuinte mais do que ele pode oferecer, mantendo sua capacidade de mantença e exterminando qualquer viés confiscatório advindo do excesso na exação estatal.

Por oportuno, retomamos a lição Regina Helena Costa, ao afirmar que a capacidade contributiva atuará como "... limite da tributação, permitindo a manutenção do 'mínimo vital' e obstando que a progressividade tributária atinja níveis de confisco"[180], por outro lado, podemos concluir que a capacidade contributiva também deve obstar que os níveis de regressividade da matriz tributária atinja níveis confiscatórios, retirando das classes mais pobres seu poder de compra e possibilidade de uma vida digna.

Conforme já citado alhures, Paulo de Barros Carvalho, ao avaliar a eleição do fato gerador de tributos pelo legislador, também conjuga à concreção do princípio da igualdade à observância da capacidade contributiva, ressaltando que a legislação tributária instituidora da cobrança dos tributos estará condicionada à observação destes princípios, de

[178] Baleeiro, Aliomar. **Limitações ao Poder de Tributar**. 7. ed. rev. e compl. à luz da Constituição de 1988. Rio de Janeiro, Forense, 2003. P. 809.

[179] Machado. Hugo de Brito. 2016. op. cit. 140.

[180] Costa, Regina Helena. **Princípio da Capacidade Contributiva**. São Paulo: Malheiros, 2003. p. 30-31.

forma que a '*atividade impositiva do Estado*', não deixe de observar tais limites constitucionalmente estabelecidos:

> [...] no Brasil, onde toda a elaboração legislativa tributária deve ser condicionada ao princípio da igualdade. O emprego deste cânone só é viável, em termos de tributação, na exata medida em que se considera a capacidade de contribuir de quem vai arcar com o gravame fiscal.[181]

Em observância à necessidade arrecadatória, o legislador retirará da realidade social os signos presuntivos de riqueza que irão compor o núcleo do tributo a ser vertido aos cofres públicos, contudo, deve-se ter em mente que as desigualdades econômicas são dados inegáveis em qualquer sistema capitalista e assim sendo, como bem observa Alfredo Augusto Becker, "o legislador tem o dever jurídico de escolher para a composição da hipótese de incidência tributária fatos que sejam signos presuntivos de renda ou capital acima do mínimo indispensável".[182]

Ocorre que a aplicação desses institutos aos tributos indiretos incidentes sobre o consumo fica prejudicada no sentido de não ser possível precisar o público que será atingido pela carga tributária, pois, ônus tributário é transferido aos preços dos produtos e consequentemente suportado pelo consumidor final, o qual não se pode precisar se será de classe A, B ou C.[183]

Nesses casos, tendo em vista "que os impostos indiretos não podem ser graduados de acordo com o princípio da capacidade contributiva do contribuinte", teremos em auxílio aos princípios da igualdade e da capacidade contributiva, em alguns tributos, a aplicação do princípio da seletividade, o qual está adstrito à "essencialidade dos produtos, mercado-

181 Carvalho, Paulo de Barros. **Direito tributário, linguagem e método** / Paulo de Barros Carvalho. São Paulo: Noeses, 2008. 2ª Edição. p.302-303.

182 Becker, Alfredo Augusto. **Teoria Geral do Direito Tributário.** 7.ed. São Paulo: Noeses, 2018.p. 282.

183 Contudo é certo que referidos tributos não permitem, pelo menos de forma clara, a individualização da renda líquida do contribuinte para mensurar sua capacidade de arcar com o ônus decorrente da aplicação do imposto sobre o bem adquirido. Zilvetti, 2004. op. cit. p. 276.

rias ou serviços" de forma a limitar a carga tributária, sendo que quanto menos essencial, maior será a carga tributária.[184] De toda sorte, os tributos indiretos que não podem observar tal princípio se tornam proporcionalmente injustos em relação à capacidade contributiva daqueles que o suportam.

Assim, é fato que a matriz tributária brasileira onera mais as famílias pobres do que as famílias ricas, como perfeitamente esclarece Cleucio Santos Nunes:

> Considerando-se que a maior parte dos tributos no Brasil recai sobre o consumo, pode-se concluir que a matriz tributária brasileira onera mais as famílias pobres do que as ricas, sugerindo, portanto, distorções do conceito de capacidade contributiva e, consequentemente., desviando-se da ideia de uma tributação equitativa.[185]

A solução para tal questão seria a opção pela tributação da renda e do patrimônio em detrimento da tributação indireta, a qual recai em sua maior parte sobre a aquisição de bens e serviços.

Conforme esclarece Fernando Aurelio Zilveti, "a renda é, sem dúvida, o melhor índice de capacidade contributiva do cidadão sujeito à carga tributária. É inaplicável um tributo que não tenha como fato gerador a renda, ganha ou acumulada."[186]Prossegue ainda informando que no Brasil, além do imposto de renda e proventos de qualquer natureza, temos contribuições sociais e as contribuições sobre o domínio econômico que também têm como fato gerador a "renda", mesmo que os fatos geradores desses tributos estejam "definidos de forma diversa".[187]

Otimizar a tributação sobre a renda poderia proporcionar a redistribuição de receitas e a efetivação de um sistema tributário menos regres-

[184] Ferreira, Abel Henrique. **O Princípio da Capacidade Contributiva Frente aos Tributos Vinculados e aos Impostos Reais e Indiretos**. In: Revista Fórum de Direito Tributário. Belo Horizonte, ano I, n. 6, nov. 2003.

[185] Nunes. 2019, p.192.

[186] Zilvetti, 2004, p. 229.

[187] Ibidem. p. 231.

sivo e mais justo. O IGF, em que pesem todas as críticas em torno de sua instituição, poderia representar um próximo passo da tributação sobre o patrimônio e a renda, trançando um viés de justiça distributiva ao impor que os possuidores de Grandes Fortunas sejam tributados.

CAPÍTULO 3
ANÁLISE DOS PROJETOS DE LEI COMPLEMENTAR QUE BUSCAM REGULAMENTAR E INSTITUIR O IGF NO ÂMBITO DO ORDENAMENTO JURÍDICO BRASILEIRO

3.1 A motivação contemporânea para instituição do IGF

A inspiração para previsão do IGF na Constituição de 1988 foi o *Impôt sur lês Grandes Fortunes* aplicado na França, o imposto francês tinha por finalidade garantir uma renda de subsistência aos cidadãos mais pobres.[188]

Conforme nos esclarece Thiago Mafra Tancredo, o imposto francês, criado em 1982 pelo presidente François Mitterrand, tinha sua receita vinculada ao custeio de "um programa de renda mínima" para os menos favorecidos, motivo pelo qual ficou conhecido como imposto "Robin Rood", por retirar dos ricos para doar aos pobres. A época de sua instituição, o *Impôt sur Les Grandes Fortunes* tributava todo o patrimônio do contribuinte que superasse o valor de três milhões de francos. Ainda esclarece o referido autor que o imposto chegou a ser abolido em 1986, pelo então presidente Jacques Chirac e reestabelecido após a reeleição de François Mitterrand, em seu reestabelecimento o imposto passou a ser intitulado "Impôt de solidarité sur La Fortune", passando a incidir sobre o patrimônio que superasse quatro milhões de francos.[189]

A mesma ideologia de redistribuição de renda foi utilizada como justificativa para inserção deste tributo na Constituição Federal de 1988, con-

[188] Torres, Ricardo Lobo. **Imposto sobre grandes fortunas no direito comparado.** Direito Tributário e a reforma do sistema. São Paulo: RT, 2003, p. 98.

[189] Tancredo, Thiago Mafra. **Imposto Sobre Grandes Fortunas: Viabilidade de Implementação no Brasil.** São Paulo: Editora Dialética, 2021. p. 17-18.

forme é possível se atestar pelo conteúdo do discurso apresentado pelo Constituinte, Deputado Federal Antônio Mariz:

> [...] Ao definirmos, portanto, esse imposto como sobre as grandes fortunas, estamos criando um instrumento de política econômica de que se ressente o sistema tributário brasileiro.
> [...]
> [...]encerro, dizendo que todos aqueles que se preocupam em construir uma democracia estável, que não pode basear-se senão na igualdade social; que todos aqueles que condenam os contrastes, as disparidades econômicas que permeiam o povo brasileiro – todos esses que querem legislar para o futuro e para um País livre e autenticamente democrático, tenho a certeza de que hão de solidarizar-se com a criação desse imposto sobre as grandes fortunas.[190]

O discurso acima citado permanece atual, mesmo após 34 anos de seu pronunciamento. O clamor para instituição do IGF ainda se sustenta na necessidade de igualdade social e redução das disparidades econômicas. Aliado a isso temos a necessidade de prover os cofres públicos após a crise deixada pela pandemia de Covid-19, a qual ainda produz malignos reflexos na economia brasileira.

A necessidade de redistribuição de renda nunca se fez tão pungente quanto no período de pandemia de Covid-19, a qual motivou a paralisação de todas as atividades econômicas consideradas não essenciais no Brasil em diversos períodos entre os anos de 2020 e 2021, através da imposição do lockdown, acarretando a perda de vários empregos e a impossibilidade de realização da maior parte do trabalho informal, o que gerou repercussões econômicas e impactos sociais sem precedentes na história recente das epidemias.

Tendo em vista a contemporaneidade dos fatos, não encontramos estatísticas oficiais com dados precisos quanto ao aumento da pobreza

[190] CONSTITUINTE, Assembleia Nacional. Comissão de Sistematização. Ata da Reunião de Instalação da Comissão de Sistematização. Disponível em https://www.senado.leg.br/publicacoes/anais/constituinte/sistema.pdf
Acesso em 13.05.2022. p. 1979-1980.

e da insegurança alimentar provocados pela pandemia de Covid-19, contudo, conforme veiculado pela Agência Brasil de Comunicação, o Inquérito Nacional sobre Insegurança Alimentar no Contexto da Pandemia da Covid-19 no Brasil indica, que nos últimos meses do ano de 2021, "19 milhões de brasileiros passaram fome e mais da metade dos domicílios no país enfrentou algum grau de insegurança alimentar", tal pesquisa foi realizada pela Rede Brasileira de Pesquisa em Soberania e Segurança Alimentar e Nutricional (Rede Penssan) em parceria com a Action Aid Brasil, Friedrich Ebert Stiftung Brasil (FES Brasil) e Oxfam Brasil, com apoio do Instituto Ibirapitanga.[191]

O periódico da Oxfam, intitulado "O Vírus da Desigualdade", trouxe dados alarmantes, demonstrando que a pandemia de Covid-19 agravou de forma crônica as desigualdades sociais, afetando principalmente os mais pobres, deixando "ricos mais ricos e os pobres mais pobres". Além de reforçar a vulnerabilidade dos sistemas de saúde públicos, o documento evidenciou as fragilidades dos sistemas de proteção social e principalmente a precariedade do sistema educacional que paralisou suas atividades, atingindo milhões de crianças e jovens que dependiam da educação para alteração de seus status social e financeiro. O documento ainda apontou o completo desamparo das minorias, assinalando "que mulheres, negros e negras, afrodescendentes, povos indígenas e comunidades historicamente marginalizadas e oprimidas" enfrentaram maior exploração e discriminação, sendo completamente privados de educação, saúde e proteção social.[192]

Aliado a essa questão de emergência econômica mais atual, também é necessário ressaltar que o Relatório da Distribuição Pessoal da Renda e da Riqueza da População Brasileira, elaborado em 2016 com dados de 2014, já apontava a dramática concentração da riqueza nas mãos de uma parcela ínfima da população:

[191] AGÊNCIA Brasil. **Inquérito Nacional sobre Insegurança Alimentar no Contexto da Pandemia da Covid-19 no Brasil**. Disponível em https://agenciabrasil.ebc.com.br/geral/noticia/2021-04/pesquisa-revela-que-19-milhoes-passaram-fome-no-brasil-no-fim-de-2020 – Acesso em 15.05.2021.

[192] Oxfam International, janeiro de 2021 – **O Vírus da Desigualdade** – disponível em https://www.oxfam.org.br/download/13203/ acesso em 14.05.2021.

> A partir dessa desagregação é possível verificar a concentração da renda e riqueza de forma mais detalhada: os 5% mais ricos detêm 28% da renda total e da riqueza, sendo que o 1% dos declarantes mais ricos acumulam 14% da renda e 15% da riqueza. Os 0,1% mais ricos detêm 6% da riqueza declarada e da renda total.
> A importância dessa informação não pode ser subestimada. Em 2015, o universo de declarantes foi de 26,7 milhões. Isso significa que 0,1% dessa população, que corresponde a 26,7 mil pessoas, acumulam 6% de toda a renda e riqueza declarada no IRPF no Brasil.
> [...]
> A principal conclusão é que a concentração de renda e riqueza entre os mais ricos é substancial, sobretudo no último milésimo de renda. Em média, o 1% mais rico acumula 14% da renda declarada no IRPF e 15% de toda a riqueza. A elevada desigualdade no topo da distribuição de renda tende a limitar a igualdade de oportunidades na sociedade e pode ser um inibidor do crescimento econômico.[193]

Frente a essa assustadora situação, o IGF poderia ser uma valiosa ferramenta para redistribuição de renda, mesmo que o total da receita a ser gerada aos cofres públicos seja somente estimada. Corroborando tal entendimento, o autor Henry Tilbury aponta a redistribuição de riquezas e o estímulo ao princípio da capacidade contributiva, como virtudes proporcionadas pela implementação do IGF, sendo que tal tributo supriria as falhas do imposto de renda, o qual, segundo o autor, não alcança a completa capacidade contributiva do contribuinte [194].

Ademais, outra possibilidade ventilada por Thiago Mafra Tancredo, seria a implementação do IGF de forma provisória, seguindo o modelo de

[193] BRASIL. Ministério da Fazenda. **Relatório da Distribuição Pessoal da Renda e da Riqueza da População Brasileira**, maio de 2016. Disponível em https://www.gov.br/fazenda/pt-br/centrais-de-conteudos/publicacoes/transparencia-fiscal/distribuicao-renda-e-riqueza/relatorio-distribuicao-da-renda-2016-05-09.pdf. p. 16 e 19 – acesso em 15.05.2021.

[194] Tilbury, Henry. **Reflexões sobre a tributação do patrimônio.** In: Imposto de renda – estudos 4. São Paulo: Ed. Resenha Tributária, 1987. p. 283 – 347.

outros países como a Argentina e a Espanha, tal medida poderia servir, nas palavras do autor, "como espécie de auxílio em tempos de crise":

> Introduzindo as referidas ideologias de aplicação dos impostos sobre a riqueza espanhola e argentina no Brasil, poderia ser cobrado o IGF de forma provisória. Ao fazer isso seria possível considerar que além de trazer justiça distributiva como uma finalidade extrafiscal e arrecadação aos cofres públicos como o objetivo fiscal, também criaria novos benefícios que ajudaria a economia do país, não como características de solução de todos os problemas, mas como espécie de auxílio em tempos de crise.[195]

Diante dos argumentos acima elencados, vê-se que sobram justificativas para a implementação do IGF, sendo a busca por justiça social e o abastecimento dos cofres públicos em razão da crise instaurada pela pandemia de Covid-19, razões contemporâneas que foram amplamente utilizadas como justificativa para os atuais projetos de lei em tramitação, conforme passaremos a verificar no título seguinte.

3.2 Tabela comparativa de projetos de lei para criação do IGF

Hoje temos no Congresso Nacional 43 (quarenta e três) Projetos de Lei Complementar em tramitação sobre o Imposto sobre Grandes Fortunas – IGF. Desse total, 31 (trinta e um) estão apensados ao PLP nº 277/2008, de autoria da Deputada Luciana Genro. Antes da análise de seus conteúdos, faz-se importante entender o momento do surgimento destes Projetos.

Os projetos anteriores à crise sanitária, estabelecida pela Covid-19 a partir do ano de 2020, tinham como motivação a redução da desigualdade social brasileira e as crises econômicas enfrentadas em momentos distintos.

As crises social, sanitária e econômica ocasionadas pela Covid-19, somadas aos recentes debates e projetos sobre o Imposto sobre Grandes Fortunas em outros países, como Argentina, Bolívia, Colômbia,

[195] Tancredo, Thiago Mafra. **Imposto Sobre Grandes Fortunas: Viabilidade de Implementação no Brasil.** São Paulo: Editora Dialética, 2021. p. 100.

Reino Unido, Chile e Peru foram responsáveis pelo impulsionamento do número de projetos a respeito do tema no Congresso Nacional.

Quantidade de PLPs sobre IGF

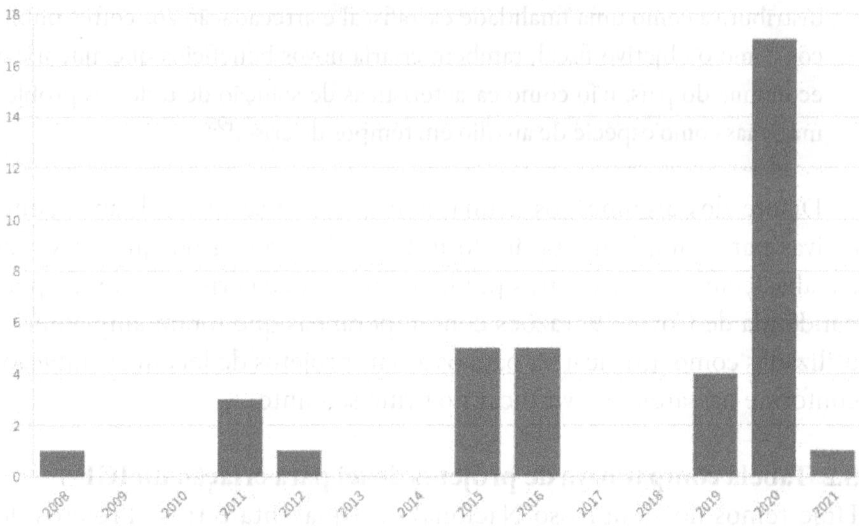

Fonte: Câmara dos Deputados

Seguem abaixo três tabelas com as principais características dos Projetos de Lei Complementar a respeito do IGF em tramitação no Congresso Nacional. A tabela 1 trás o PLP 202/1989 e todos os seus apensos. Já a tabela 2 contempla o PLP 277/2008 e seus apensos. E por último, a tabela 3 com projetos de lei complementar que não possuem apensos.

TABELA 1 – PROJETOS DE LEI IGF (PLP 202/1989 E APENSADOS)[196]

Continua

PL	FATO GERADOR	CONTRIBUINTES	BASE DE CÁLCULO (BC)	ALÍQUOTAS	LANÇAMENTO
202 1989	Titular, em 1º de janeiro de cada ano, de fortuna em valor superior a NCz$ 2.000.000,00	Pessoas físicas residentes ou domiciliadas no País	É o valor do conjunto dos bens, situados no país ou no exterior, que integrem o patrimônio do contribuinte, com as exclusões de que trata o § 2º desse artigo.	Patrimônio (em NCz$) — Alíquota Até 2.000.000,00 — **Isento** De 2.000.000,00 a 4.000.000,00 — **0,3%** De 4.000.000,00 a 6.000.000,00 — **0,5%** De 6.000.000,00 a 8.000.000,00 — **0,7%** Mais de 8.000.000,00 — **1%**	Declaração do Contribuinte
108 1989	Titular, em 31 de dezembro de cada ano, de fortuna que ultrapasse o equivalente 2.999.999 Bônus do Tesouro Nacional (BTN), ou expressão que represente atualização da moeda, que, porventura, venha a substituir o BTN.	Pessoas físicas	Direitos e bens pertencentes ao contribuinte e dependentes legais, qualquer que seja a sua natureza e independentemente de seu emprego ou localização.	Patrimônio (em BTN) — Alíquotas Até 2.999.999 — **Isento** De 3.000.000,01 a 5.999.999,00 — **1%** De 6.000.000,01 a 8.999.999 — **2%** De 9.000.000,01 a 11.999.999 — **3%** Mais de 120.000.000,00 — **4%**	Declaração do Contribuinte A autoridade lançadora, mediante processo regular, arbitrará o valor ou o preço, sempre que não mereça fé, por notoriamente diferente do de mercado, o valor ou preço informado pelo contribuinte.

[196] BRASIL. Câmara dos Deputados. **Projeto de Lei Complementar n. 202, de 1989 e apensados.** Disponível em: https://www.camara.leg.br/propostas-legislativas/21594. Acesso em 03 de abril de 2022.

<u>208</u> **1989**	Titular de bens e direitos	– PF domicílio no país; – PF ou PJ com domicílio exterior, em relação ao patrimônio que detenham no país; e, – Espólio.	Patrimônio líquido de valor superior a 5.000 vezes o limite mensal da isenção do imposto sobre a renda da pessoa física	Serão progressivas, sobre faixas definidas no patrimônio, em número mínimo de 3 e máximo de 5, não podendo a menor ser inferior a 0,5% e a superior a 1,5%	Não definiu

TABELA 1 – PROJETOS DE LEI IGF (PLP 202/1989 E APENSADOS)

Conclusão

PL	FATO GERADOR	CONTRIBUINTES	BASE DE CÁLCULO (BC)	ALÍQUOTAS	LANÇAMENTO
<u>218</u> **1990**	Titular de fortuna que ultrapasse o equivalente 1.000.000 Bônus do Tesouro Nacional (BTN)	– PF domicílio no país; – PF ou PJ com domicílio exterior, em relação ao patrimônio que detenham no país; e, – Espólio.	É o valor do conjunto dos bens que compõem a fortuna, diminuído do valor das dívidas	Patrimônio (em BTN) — Alíquotas Até 1.000.000 — **Isento** De 1.000.000,01 a 3.000.000 — **0,1%** De 3.000.000,01 a 5.000.000 — **0,2%** De 5.000.000,01 a 10.000.000 — **0,4%** Mais de 10.000.000 — **0,7%**	Declaração do Contribuinte
<u>268</u> **1990**	Titular grandes fortunas	Não definiu	Conjunto de bens patrimoniais, físicos e financeiros que, nos últimos cinco exercícios, tenha sido informado à Secretaria da Receita Federal e cujo crescimento, em relação ao exercício fiscal de 1989, tenha sido superior a 50%.	30% anuais	Não definiu

TABELA 2 – PROJETOS DE LEI IGF (PLP 277/2008 E APENSADOS)[197]

Continua

PL	FATO GERADOR	CONTRIBUINTES	BASE DE CÁLCULO (BC)	ALÍQUOTAS	LANÇAMENTO
277 **2008**	Titular, em 1º de janeiro de cada ano, de **fortuna em valor superior a dois milhões de reais**, expressos em moeda de poder aquisitivo de 1º de janeiro de 2009.	– PF domicílio no país; – PF ou PJ com domicílio exterior, em relação ao patrimônio que detenham no país; e, – Espólio.	É o valor do conjunto dos bens que compõem a fortuna, diminuído das obrigações pecuniárias do contribuinte, exceto as contraídas para a aquisição de bens excluídos nos termos do § 2º do artigo anterior.	Classe de valor de patrimônio (em R$) Alíquotas Até 2.000.000,00 **Isento** De 2.000.000,01 a 5.000.000,00 **1%** De 5.000.000,01 a 10.000.000,00 **2%** De 10.000.000,01 a 20.000.000,00 **3%** De 20.000.000,01 a 50.000.000,00 **4%** Mais de 50.000.000,00 5%	Declaração do Contribuinte
26 **2011**	Titular, em 1º de janeiro de cada ano, de fortuna em valor superior a cinco milhões de reais, expressos em moeda de poder aquisitivo de 1º de janeiro de 2012.	– PF domicílio no país; – PF ou PJ com domicílio exterior, em relação ao patrimônio que detenham no país; e, – Espólio.	É o valor do conjunto dos bens que compõem a fortuna, diminuído das obrigações pecuniárias do contribuinte, exceto as contraídas para a aquisição de bens excluídos nos termos do § 2º do artigo anterior.	Classe de valor de patrimônio (em R$) Alíquotas Até 5.000.000,00 **Isento** De 5.000.000,01 a 7.000.000,00 **1%** De 7.000.000,01 a 15.000.000,00 **2%** De 15.000.000,01 a 25.000.000,00 **3%** De 25.000.000,01 a 50.000.000,00 **4%** Mais de 50.000.000,00 **5%**	Declaração do Contribuinte

[197] BRASIL. Câmara dos Deputados. **Projeto de Lei Complementar n. 277, de 2008 e seus apensados**. Disponível em: https://www.camara.leg.br/propostas-legislativas/388149. Acesso em 20 de março 2022.

48 2011	Titular de bens e direitos (CSGF)	– PF domicílio no país; – PF ou PJ com domicílio exterior, em relação ao patrimônio que detenham no país; e, – Espólio	É o montante total dos bens e direitos que compõem o patrimônio do contribuinte e de seus dependentes, excluídos os valores correspondentes Se sobre o bem ou direito recair usufruto, a BC terá percentuais estabelecidos para o usufrutuário e para o nu-proprietário	Classe de valor de patrimônio (em R$) Alíquotas De 5.520.000,01 a 9.039.000,00 **0,55%** De 9.039.000,01 a 17.733.000,00 **0,75%** De 17.733.000,01 a 27.876.000,00 **1,00%** De 27.876.000,01 a 53.199.000,00 **1,30%** De 53.199.000,01 a 115.851.000,00 **1,65%** Acima de 115.851.000,01 **1,80%**	Declaração do Contribuinte Exclusivo na Saúde

TABELA 2 – PROJETOS DE LEI IGF (PLP 277/2008 E APENSADOS)

Continua

PL	FATO GERADOR	CONTRIBUINTES	BASE DE CÁLCULO (BC)	ALÍQUOTAS	LANÇAMENTO
62 2011	Titular de bens e direitos	- PF domicílio no país; – PF ou PJ com domicílio exterior, em relação ao patrimônio que detenham no país; e, – Espólio	É o valor do conjunto dos bens e direitos que compõem a fortuna, diminuído das obrigações pecuniárias do contribuinte, exceto as contraídas para a aquisição de bens excluídos nos termos do parágrafo único do art. 2º.	Classe de valor de patrimônio (em R$) Alíquotas Até 3.000.000,00 **Isento** De 3.000.000,01 a 5.000.000,00 **0,5%** De 5.000.000,01 a 10.000.000,00 **1,0%** De 10.000.000,01 a 15.000.000,00 **1,5%** Mais de 15.000.000,01 **2,0%**	Declaração do Contribuinte Exclusivo no Ensino

<u>130</u> **2012**	Titular de bens e direitos	– PF domicílio no país; – PF ou PJ com domicílio exterior, em relação ao patrimônio que detenham no país; e, – Espólio	Incidirá sobre a parcela do patrimônio líquido (PL) que ultrapassar o valor definido no art. 3º desta Lei	PL maior que 8.000 vezes e menor ou igual a 25.000 vezes do limite mensal da isenção para pessoa física do IR **0,5%** PL maior que 75.000 vezes do limite mensal da isenção para pessoa física do IR **1%**	Adm. à RFB
<u>02</u> **2015**	Titular de bens e direitos	- PF domicílio no país; – PF ou PJ com domicílio exterior, em relação ao patrimônio que detenham no país; e, – Espólio	É o montante total dos bens e direitos que compõem o patrimônio do contribuinte e de seus dependentes	Classe de valor de patrimônio (em R$) Alíquotas Até 5.000.000,00 **Isento** De 5.000.000,01 a 50.000.000,00 **0,5%** De 50.000.000,01 a 100.000.000,00 **0,75%** De 100.000.000,01 a 150.000.000,00 **1,0%** Acima de 150.000.000,01 **1,5%**	Declaração do Contribuinte
<u>06</u> **2015**	Titular de bens e direitos cujo valor total exceda a 6.000 (seis mil) salários mínimos.	- PF domicílio no país; – PF ou PJ com domicílio exterior, em relação ao patrimônio que detenham no país; e, – Espólio	É o valor do patrimônio existente no dia 31 de dezembro do ano anterior ao exercício financeiro. O patrimônio é constituído de todos os bens e direitos, de qualquer natureza, qualquer que seja seu emprego ou localização, conforme constante da declaração anual de bens do contribuinte (Lei n. 4.069/62, art. 51), diminuído do valor das dívidas.	O imposto será cobrado de acordo com a seguinte tabela progressiva: – Patrimônio cujo valor seja inferior a 6.000 (seis mil) salários mínimos (sm) – **Isento** – Patrimônio cujo valor compreenda entre 6.000 (seis mil) a 10.000 (dez mil) sm – **0,1%** – Patrimônio cujo valor compreenda entre 10 (dez mil) a 15.000 (quinze mil) sm – **0,3%** – Patrimônio cujo valor exceda a 15.000 (quinze mil) sm – **0,5%**	Declaração do Contribuinte Divisão a) 60% para União; b) 30% aos Estados; c) 10% aos Munic. I- 50% educação bás. II- 25% saneamento III- 25% mobilidade urbana;

TABELA 2 – PROJETOS DE LEI IGF (PLP 277/2008 E APENSADOS)

Continuação

PL	FATO GERADOR	CONTRIBUINTES	BASE DE CÁLCULO (BC)	ALÍQUOTAS		LANÇAMENTO
<u>10</u> **2015**	Titular de bens e direitos (CSGF)	- PF domicílio no país; – PF ou PJ com domicílio exterior, em relação ao patrimônio que detenham no país; e, – Espólio	É o montante total dos bens e direitos que compõem o patrimônio do contribuinte e de seus dependentes,	Valor do Patrimônio (R$) 4.000.000,01 a 7.000.000,00 7.000.000,01 a 12.000.000,00 12.000.000,01 a 20.000.000,00 20.000.000,01 a 30.000.000,00 30.000.000,01 a 50.000.000,00 50.000.000,01 a 75.000.000,00 75.000.000,01 a 120.000.000,00 120.000.000,01 a 150.000.000,00 Acima de 150.000.000,00	Alíquotas **0,40%** **0,50%** **0,60%** **0,80%** **1,00%** **1,20%** **1,50%** **1,80%** **2,10%**	Declaração do Contribuinte
<u>11</u> **2015**	Titular de fortuna de valor superior a cinco milhões de reais, expressos em moeda de poder aquisitivo de 1º de janeiro de 2012.	- PF domicílio no país; – PF ou PJ com domicílio exterior, em relação ao patrimônio que detenham no país; e, – Espólio	É o valor do conjunto dos bens que compõem a fortuna, diminuído das obrigações pecuniárias do contribuinte Fortuna, para efeito do art. 1º desta Lei, o conjunto de todos os bens e direitos, situados no país ou no exterior, que integrem o patrimônio do contribuinte, com as exclusões de que trata o § 2º deste artigo.	Valor de patrimônio (em R$) Até 5.000.000,00 5.000.000,01 a 7.000.000,00 7.000.000,01 a 15.000.000,00 15.000.000,01 a 25.000.000,00 25.000.000,01 a 50.000.000,00 Mais de 50.000.000,00 **5%**	Alíquotas **Isento** **1%** **2%** **3%** **4%**	Declaração do Contribuinte

281 **2016**	Titular de bens e direitos com valor superior a três milhões de reais no ano	Pessoa física domiciliada no Brasil e a PF ou PJ domiciliada no exterior, em relação ao patrimônio no Brasil. O patrimônio dos filhos menores será tributado juntamente com o dos pais, como se fora comum.	É o montante total dos bens e direitos que compõem o patrimônio do contribuinte O imóvel residencial conceituado com bem de família no art. 1º da Lei nº 8.009, de 29 de março de 1990, ficando a dedução limitada ao valor de R$ 1 milhão	BC (R$) — Alíquotas 3.000.000,01 – 10.000.000,00 **1%** 10.000.000,01 – 28.000.000,00 **2%** 28.000.000,01 – 49.000.000,00 **3%** 49.000.000,01 -77.000.000,00 **4%** 77.000.000,01 – 100.000.000,00 **5%** Superior a 100.000.000,00 **6%**	Declaração do Contribuinte Bens adquiridos com rendimento não declarado presume-se sonegação ao imposto de renda

TABELA 2 – PROJETOS DE LEI IGF (PLP 277/2008 E APENSADOS)

Continuação

PL	FATO GERADOR	CONTRIBUINTES	BASE DE CÁLCULO (BC)	ALÍQUOTAS	LANÇAMENTO
294 **2016**	Titular de bens e direitos	As pessoas físicas domiciliadas no Brasil e as pessoas físicas ou jurídicas domiciliadas no exterior, em relação ao patrimônio no Brasil.	É o montante total dos bens e direitos que compõem o patrimônio do contribuinte É facultada à Administração Tributária a identificação de patrimônio e renda do contribuinte situados no exterior mediante troca de informações com autoridades estrangeiras nos termos de tratados internacionais dos quais o Brasil for parte.	BC (R$) — Alíquotas Entre R$ 5.000.000,01 e R$ 15.000.000,00 **0,3%** Maior que R$ 15.000.000,00 **0,7%**	Declaração do Contribuinte

<u>302</u> **2016**	Titular de bens e direitos de qualquer natureza, no Brasil ou no exterior, em 31 de dezembro do ano-calendário.	PF domiciliada no Brasil e PF ou PJ domiciliada no exterior, em relação ao patrimônio no Brasil. Espólio	É o montante total dos bens e direitos que compõem o patrimônio do contribuinte, avaliados por seu valor de mercado, nos termos do regulamento	BC (R$) — Alíquotas Até R$ 5.000.000,00 — **0,5%** De R$ 5.000.000,00 a R$ 10.000.000,00 — **0,75%** Acima de R$ 10.000.000,00 — **1%**	RFB fiscaliza e lança.
<u>324</u> **2016**	- bens e direitos da PF no Brasil ou no exterior – Faturam. anual da PJ com sede no Brasil superior a dez vezes o valor máx. definido no art. 3º, inciso II, da LC nº 123/2016; – Espólio	– PF domicílio no país; – PF ou PJ com domicílio exterior, em relação ao patrimônio que detenham no país; e, – Espólio	A base de cálculo do imposto é: I – o total do patrimônio, referente a bens e direitos, da pessoa física no ano-calendário, superior R$ 2.000.000,00 (dois milhões de reais) por contribuinte; II – o faturamento bruto anual da pessoa jurídica com sede no Brasil; III – o valor dos bens situados no Brasil no caso de contribuinte, pessoa física ou jurídica, domiciliado no exterior	Para as pessoas físicas: — Alíquotas – BC entre R$ 2.000.000,00 e R$ 5.000.000,00 — **0,5%** – BC sobre a parcela superior a R$ 5.000.000,00 — **0,8%** Para as PJs com sede no Brasil — **1%**	Declaração do Contribuinte Presume-se fraudulenta, salvo prova em contrário do contribuinte, a alienação de bens definidos em regulamento a pessoa jurídica com reserva de usufruto.

TABELA 2 – PROJETOS DE LEI IGF (PLP 277/2008 E APENSADOS)

Continuação

PL	FATO GERADOR	CONTRIBUINTES	BASE DE CÁLCULO (BC)	ALÍQUOTAS	LANÇAMENTO
335 **2016**	Titular de bens e direitos de qualquer natureza, no Brasil ou no exterior, no dia 31 de dezembro de cada ano, em valor global superior a dois milhões de reais	– PF domicílio no país; – PF ou PJ com domicílio exterior, em relação ao patrimônio que detenham no país; e, – Espólio	O montante total dos bens e direitos que compõem o patrimônio do contribuinte	BC (R$) — Alíquotas – Entre 2.000.000,01 e 3.000.000,00 — **0,27%** – Entre 3.000.000,01 e 4.000.000,00 — **0,5%** – Entre 4.000.000,01 e 5.000.000,00 — **1%** – Entre 5.000.000,01 e 6.000.000,00 — **2%** – Entre 6.000.000,01 e 8.000.000,00 — **3%** – Entre 8.000.000,01 e 11.000.000,00 — **4%** – Superior a 11.000.000,00 — **5%**	Declaração do Contribuinte Partilha 50% para a União; 22,5% para os estados e Distrito Federal 27,5% para os municípios.
09 **2019**	Titular em 31 de dezembro de cada ano, de grande fortuna.		É o valor do conjunto dos bens e direitos que compõem a grande fortuna, diminuído das obrigações pecuniárias do contribuinte, constantes de sua declaração anual do Imposto de Renda das Pessoas Físicas e comprovadas documentalmente.	BC (R$) — Alíquota Acima de R$ 20.000.000,00 — **5%**	Declaração do Contribuinte Programa IRPF para incluir os campos necessários para a apuração da base de cálculo e do valor do Imposto sobre Grandes Fortunas devido por ano.

<u>09</u> **2019**			Considera-se grande fortuna, para efeito desta Lei Complementar, o conjunto de todos os bens e direitos, situados no país ou no exterior, que integrem o patrimônio do contribuinte, e que exceda ao piso de R$ 20.000.000,00 (vinte milhões de reais).		

TABELA 2 – PROJETOS DE LEI IGF (PLP 277/2008 E APENSADOS)

Continuação

PL	FATO GERADOR	CONTRIBUINTES	BASE DE CÁLCULO (BC)	ALÍQUOTAS	LANÇAMENTO
<u>205</u> **2019**	– Titular de fortuna que exceda 5.000 vezes o limite de isenção para PF do imposto de renda	– PF domicílio no país; – PF ou PJ com domicílio exterior, em relação ao patrimônio que detenham no país; e, – Espólio	Patrimônio Líquido (PL)	BC (R$) — Alíquotas – PL maior que 5.000 (cinco mil) vezes o limite mensal da isenção para PF do IR — **Isento** – Até 10.000 (dez mil) vezes o limite mensal da isenção para PF do IR — **0,5%** – PL entre 10.000 (dez mil) e 20.000 (vinte mil) vezes o limite mensal da isenção para PF do IR — **0,75%** – PL maior que 20.000 (vinte mil) vezes o limite mensal da isenção para PF do imposto de renda — **1%**	Divisão da arrecadação e o repasse dos valores arrecadados para estados e municípios na seguinte proporção: I – Governo Federal 60% II – Estados 20%; III-Municípios 20%."

239 **2019**	– Titular de fortuna que exceda o PL de cinco milhões de reais, nele incluídos todos os bens e direitos da pessoa física, situados no país ou no exterior	– PF com domicílio no país em relação à fortuna situada no país ou no exterior; – PF com domicílio no exterior, em relação à fortuna situada no país. – Espólio	É o valor do conjunto dos bens e direitos que compõem a fortuna, diminuído das obrigações pecuniárias do contribuinte, exceto as contraídas para a aquisição de bens excluídos nos termos do §1º deste artigo	BC (R$) Alíquotas – Entre R$ 5.000.000,00 e R$ 10.000.000,00 **0,5%** – Entre R$ 10.000.000,01 e R$ 20.000.000,00 **1%** – Entre R$ 20.000.000,01 e R$ 30.000.000,00 **2%** – Entre R$ 30.000.000,01 e R$ 40.000.000,00 **3%** – Entre R$ 40.000.000,01 e R$ 50.000.000,00 **4%** – Fortunas acima de R$ 50.000.000,00 **5%**	Declaração do Contribuinte
59 **2020**	- Titular de fortuna que exceda 5.000 vezes o limite de isenção para PF do imposto de renda	- PF domicílio no país; – PF ou PJ com domicílio exterior, em relação ao patrimônio que detenham no país; e, – Espólio	Patrimônio líquido (PL)	BC (R$) Alíquotas – PL maior que 5.000 vezes e menor ou igual a 10.000 vezes o limite mensal da isenção para PF no imposto de renda **0,5%** – PL maior que 10.000 vezes e menor ou igual a 30.000 vezes o limite mensal da isenção para PF no imposto de renda **0,75%** – PL maior que 30.000 vezes o limite mensal da isenção para PF no imposto de renda **1%**	Podem ser abatidas os valores pagos no exercício anterior os impostos incidentes sobre os bens utilizados na declaração: – ITR – IPTU – IPVA – ITBI – ITCMD

TABELA 2 – PROJETOS DE LEI IGF (PLP 277/2008 E APENSADOS)

Continuação

PL	FATO GERADOR	CONTRIBUINTES	BASE DE CÁLCULO (BC)	ALÍQUOTAS	LANÇAMENTO
63 2020	Titular, em 31 de dezembro do ano anterior, de bens de valor superior a cinco milhões de reais	Não definiu	Não definiu	BC (R$) — Alíquotas – Até R$ 5.000.000,00 — **Isento** – Entre R$ 5.000.000,00 e R$ 10.000.000,00 — **0,3%** – Acima de R$ 10.000.000 — **0,5%**	Multa de 150% (cento e cinquenta por cento) sobre a diferença de imposto não recolhido. 50% para a saúde 50% para pessoas mais pobres na Calamidade Pública
77 2020	Titular, em 31 de dezembro de cada ano, de fortuna.	Não definiu	É o valor do conjunto dos bens e direitos que compõem a fortuna, diminuído das obrigações pecuniárias do contribuinte.	BC (R$) — Alíquotas – Até R$ 20.000.000,00 — **Isento** – De R$ 20.000.000,01 a R$ 50.000.000,00 — **1,0%** – De R$ 50.000.000,01 a R$ 100.000.000,00 — **2,0%** – Mais de R$ 100.000.000,01 — **3,0%** – Podem ser deduzidos ITR e IPTU	Declaração do Contribuinte

82 2020	Titular de fortuna de bens e direitos no país ou no exterior que vinte milhões de reais	– PF domiciliadas no País – PF ou PJ domiciliadas no exterior, em relação ao patrimônio que detenham no País – Espólio	Corresponde ao valor da grande fortuna do contribuinte, diminuído de suas obrigações	BC (R$) Alíquotas – Entre R$ 20.000.000,00 e R$ 50.000.000,00 **1%** – Entre R$ 50.000.000,01 e R$ 100.000.000,00 **2%** – BC acima de R$ 100.000.000,01 **3%**	Podem ser abatidas os valores pagos no exercício anterior os impostos incidentes sobre os bens utilizados na declaração: – ITR – IPVA – ITCMD – IPTU – ITBI

TABELA 2 – PROJETOS DE LEI IGF (PLP 277/2008 E APENSADOS)

Continuação

PL	FATO GERADOR	CONTRIBUINTES	BASE DE CÁLCULO (BC)	ALÍQUOTAS	LANÇAMENTO
88 2020	Titular de grande fortuna, no Brasil ou no exterior, durante o ano-calendário.	– PF com domicílio ou residente no País, qq pat. – PF ou PJ domiciliadas no exterior, em relação ao patrimônio que detenham no País – Espólio	É o montante total dos bens e direitos que compuseram o patrimônio do contribuinte durante o ano calendário em valor igual ou superior a R$ 20.000.000,00 (vinte milhões de reais)	BC (R$) Alíquotas – Entre R$ 20.000.000,00 e R$ 50.000.000,00 **1%** – Entre R$ 50.000.000,00 e R$ 100.000.000,00 **2%** – Mais que R$ 100.000.000,00 **3%**	Declaração do Contribuinte

95 **2020**	Incide sobre pat. que supere, em 1º de janeiro, o valor de cinquenta e cinco milhões de reais	– PF com domicílio no Brasil em relação a todos os seus bens – PF residente no exterior, em relação aos bens localizados no Brasil – Espólio	O imposto não incide sobre: I – um imóvel residencial próprio; II – direitos de propriedade intelectual; III – bens e direitos em relação aos quais exista acordo internacional para evitar a dupla tributação patrimonial. Parágrafo único. O Regulamento poderá prever limites e condições para a exclusão da incidência do imposto sobre bens de pequeno valor.	A alíquota do imposto é de **1% (um por cento)**	Podem ser abatidas os valores pagos no exercício anterior os impostos incidentes sobre os bens utilizados na declaração: – ITR – IPVA – ITCMD – IPTU – ITBI
103 **2020**	Titular de bens e direitos	– PF com domicílio no Brasil em relação a todos os seus bens – PF residente no exterior, em relação aos bens localizados no Brasil – Espólio	É o montante total dos bens e direitos que compõem o patrimônio do contribuinte e de seus dependentes. É o montante total dos bens e direitos que compõem o patrimônio do contribuinte e de seus dependentes.	BC (R$) — Alíquotas – Entre R$ 20.000.000,01 e R$ 50.000.000,00 — **0,5%** – BC acima de R$ 50.000.000,00 — **2%** Poderão ser deduzidos do IGF a pagar até 80% (oitenta por cento) das doações realizadas no ano-calendário anterior pelo contribuinte a entidades beneficentes de assistência social, saúde e educação, na forma da lei.	Declaração do Contribuinte

TABELA 2 – PROJETOS DE LEI IGF (PLP 277/2008 E APENSADOS)

Continuação

PL	FATO GERADOR	CONTRIBUINTES	BASE DE CÁLCULO (BC)	ALÍQUOTAS	LANÇAMENTO
123 **2020**	Titular de bens e direitos	– PF com domicílio no Brasil em relação a todos os seus bens – PF residente no exterior, em relação aos bens localizados no Brasil – Espólio	É a parcela do patrimônio que exceder a R$ 50.000.000,00 Podem ser deduzidos: – ITR, ITCD, IPVA, IPTU, ITBI e 80% das doações realizadas a entidades beneficentes de assistência social, saúde e educação	É de **2% (dois por cento)**	Não definiu
188 **2020**	Titular de bens e direitos	– PF com domicílio no Brasil em relação a todos os seus bens – PF residente no exterior, em relação aos bens localizados no Brasil – Espólio	É o valor total dos bens e direitos que compõem o patrimônio do contribuinte e de seus dependentes A lei definirá as hipóteses em que a detenção, posse, exploração ou exercício do poder de administração configure, para fins de incidência do IGF, a disponibilidade do bem ou direito em favor do detentor, possuidor, beneficiário ou administrador.	BC (R$) — Alíquotas De 15.000.000,01 a 30.000.000,00 — **1,00%** De 30.000.000,01 a 50.000.000,00 — **1,50%** Acima de 50.000.000,00 — **2,00%**	Não definiu

PL	FATO GERADOR	CONTRIBUINTES	BASE DE CÁLCULO (BC)	ALÍQUOTAS	LANÇAMENTO
190 **2020**	Titular de bens e direitos	- PF com domicílio no Brasil em relação a todos os seus bens – PF residente no exterior, em relação aos bens localizados no Brasil – Espólio	É o somatório de todos os bens e direitos de qualquer natureza, situados no país ou no exterior, que compuseram o patrimônio do contribuinte na data de ocorrência do fato gerador	BC (R$) — Alíquotas – Entre R$ 50.000.000,00 e R$ 100.000.000,00 — **0,5%** – Entre R$ 100.000.000,01 e R$ 300.000.000,00 — **1%** – Entre R$ 300.000.000,01 e R$ 600.000.000,00 — **2%** – De R$ 600.000.000,01 a R$ 1.000.000.000,00 — **3,5%** – Acima de R$ 1.000.000.000,00 — **5,5%**	Declaração do Contribuinte

TABELA 2 – PROJETOS DE LEI IGF (PLP 277/2008 E APENSADOS)

Continuação

PL	FATO GERADOR	CONTRIBUINTES	BASE DE CÁLCULO (BC)	ALÍQUOTAS	LANÇAMENTO
193 **2020**	Titular de bens e direitos	– PF com domicílio no Brasil em relação a todos os seus bens – PF residente no exterior, em relação aos bens localizados no Brasil – Espólio	Considera-se fortuna, para efeito do Art. 1º desta Lei, o conjunto de todos os bens e direitos, situados no país ou no exterior, que integrem o patrimônio do contribuinte, com as exclusões de que trata o § 2º deste artigo.	BC (R$) — Alíquotas – Até R$ 5.000.000,00 — **Isento** – De R$ 5.000.000,01 a R$ 10.000.000,00 — **1%** – De R$ 10.000.000,01 a R$ 20.000.000,00 — **1,5%** – De R$ 20.000.000,01 a R$ 30.000.000,00 — **2%** – De R$ 30.000.000,01 a R$ 40.000.000,00 — **3%** – De R$ 40.000.000,01 a R$ 50.000.000,00 — **4%** – Acima de R$ 50.000.000,01 — **5%**	Declaração do Contribuinte

<u>201</u> 2020	Titular de bens e direitos, excluindo-se uma única residência.	– PF com domicílio no Brasil em relação a todos os seus bens – PF residente no exterior, em relação aos bens localizados no Brasil – Espólio	O imposto de que trata o caput será destinado exclusivamente para programas e ações de saúde relacionados à prevenção ou ao tratamento de doenças decorrentes de pandemias.	BC (R$) — Alíquotas – Até R$ 5.000.000,00 — **Isento** – De R$ 5.000.000,01 a R$ 10.000.000,00 — **2,5%** – De R$10.00.001,00 a R$ 20.000.000,00 — **3,5%** – Acima de R$ 20.000.000,00 — **4,5%**	
<u>215</u> 2020	Titular de bens e direitos, excluindo bens de santuário	– PF ou PJ com grande fortuna acima de cinquenta milhões de reais	Os recursos arrecadados serão destinados exclusivamente a projetos para construção de unidades de ensino ou de saúde credenciados pelo Governo Federal, pelos Estados ou pelos Municípios.	– **Alíquota de 2,5%** **A alíquota do IGF será reduzida para 1,75%** para os contribuintes que espontaneamente declararem suas grandes fortunas e bens suntuários	
<u>268</u> 2020	Titular de bens e direitos	– PF com domicílio no Brasil em relação a todos os seus bens – PF residente no exterior, em relação aos bens localizados no Brasil – Espólio	O imposto não incide sobre: I – um imóvel residencial próprio; II – direitos de propriedade intelectual; III – bens e direitos em relação aos quais exista acordo internacional para evitar a dupla tributação patrimonial.	Alíquotas – BC R$ 10.000.000,00 a R$ 19.999.999,99 — **1%** – BC R$ 20.000.000,00 a R$ 39.999.999,99 — **2%** – Acima de R$ 40.000.000,000 — **3%**	Declaração do Contribuinte A apuração do imposto devido pelo civilmente incapaz será feita por seu representante legal

TABELA 2 – PROJETOS DE LEI IGF (PLP 277/2008 E APENSADOS)

Conclusão

PL	FATO GERADOR	CONTRIBUINTES	BASE DE CÁLCULO (BC)	ALÍQUOTAS	LANÇAMENTO
<u>121</u> 2021	Titular de bens e direitos	– PF com domicílio no Brasil em relação a todos os seus bens – PF residente no exterior, em relação aos bens localizados no Brasil – Espólio		BC (R$) Alíquotas – Até R$ 5.000.000,00 **Isento** – De R$ 5.000.000,00 a R$ 10. 000.000,00 **1%** – De R$ 10.000.000,00 a R$ 20.000.000,00 **2%** – De R$ 20.000.000,00 a R$ 40.000.000,00 **3%** – Mais de R$ 40.000.000,00 **5%**	Declaração do Contribuinte Partilha: União 30% Estados e DF 35% Municípios 35% Exclusivo saúde e educação
<u>130</u> 2021	Titular de bens e direitos	– PF com domicílio no Brasil em relação a todos os seus bens – PF residente no exterior, em relação aos bens localizados no Brasil – Espólio	É o montante total dos bens e direitos que compõem o patrimônio do contribuinte em 1º de janeiro de cada ano. Considera-se grande fortuna, para fins dessa Lei Complementar, o conjunto de bens e direitos de qualquer natureza, no Brasil e no exterior, de valor superior a R$10.000.000,00.	BC (R$) Alíquotas – **Excepcionalmente, pelo período de cinco anos após sua instituição:** – Entre R$ 10 milhões e R$40 milhões **1,0%** – Entre R$ 40 milhões e R$80 milhões **2,0%** – Acima de R$ 80 milhões **3,0%** BC (R$) Alíquotas – **Após o período de 5 anos de sua instituição:** – Entre R$10 milhões e R$40 milhões **0,5%** – Entre R$40 milhões e R$80 milhões **1%** – Acima de R$ 80 milhões **1,5%**	Da arrecadação do Imposto de que trata esta Lei, 20% (vinte por cento) deverão ser destinados ao financiamento de ações e serviços públicos de saúde, prioritariamente para o apoio e defesa dos direitos das vítimas da Covid.

74 2022	Titular de bens e direitos	– PF com domicílio no Brasil em relação a todos os seus bens – PF residente no exterior, em relação aos bens localizados no Brasil – Espólio – os adm. de entes despersonalizados no exterior em relação aos ativos mantidos no Brasil	A base de cálculo do IGF é o montante total dos bens e direitos que compõem o patrimônio do contribuinte em 1º de janeiro de cada ano. Arrecadação partilhada proporcionalmente entre os Estados que, nos termos autorizados na LC nº 192/22, comprovar significativo impacto por renúncia fiscal na arrecadação do ICMS na forma monofásica incidente sobre combustíveis.	BC (R$) Alíquotas – **Excepcionalmente, pelo período de cinco anos após sua instituição:** – Entre R$ 10 milhões e R$40 milhões **1,0%** – Entre R$ 40 milhões e R$80 milhões **2,0%** – Acima de R$ 80 milhões **3,0%** – **Após o período de 5 anos as alíquotas serão reduzidas em 50,0% (cinquenta por cento)**	

TABELA 3 - PROJETOS DE LEI IGF SEM APENSOS

Continua

PL	FATO GERADOR	CONTRIBUINTES	BASE DE CÁLCULO (BC)	ALÍQUOTAS	LANÇAMENTO
315[198] **2015**	Titular de bens e direitos	- PF com domicílio no Brasil em relação a todos os seus bens - PF residente no exterior, em relação aos bens localizados no Brasil	É o patrimônio, tal como definido no art. 2º e diminuído das dívidas e obrigações pecuniárias do contribuinte, cujo valor ultrapasse o equivalente a R$ 50.000.000,00 (cinquenta milhões de reais) no dia 31 de dezembro de cada ano civil.	- **É de 1% (um por cento)**	Adm. à RFB - Serão abatidos: - ITR, IPTU, IPVA, ITBI, ITCMD - Valores gastos na manutenção e na adm. dos bens
183[199] **2019**	Titular do PL que exceder 12.000 vezes o limite mensal da isenção do IR da pessoa física	- PF com domicílio no Brasil em relação a todos os seus bens - PF residente no exterior, em relação aos bens localizados no Brasil - Espólio	- Patrimônio Líquido - Considera-se patrimônio líquido a diferença entre o total de bens e direitos de qualquer natureza, localização e emprego, e as obrigações do contribuinte	- PL superior a 12.000 e menor ou igual a 20.000 vezes o limite mensal da isenção para pessoa física do IR **0,5%** - PL superior a 20.000 e menor ou igual a 70.000 vezes o limite mensal da isenção para pessoa física do IR **0,75%** - PL superior a 70.000 vezes o limite mensal da isenção para pessoa física do IR **1%**	P. Executivo disciplinará a adm. do IGF - Serão abatidos: - ITR, IPTU, IPVA, ITBI, ITCMD

[198] BRASIL. Senado Federal. **Projeto de Lei Complementar n. 315, de 2015**. Disponível em: https://www25.senado.leg.br/web/atividade/materias/-/materia/121420. Acesso em 23 de março de 2022.

[199] BRASIL. Senado Federal. **Projeto de Lei Complementar n. 183, de 2019**. Disponível em: https://www25.senado.leg.br/web/atividade/materias/-/materia/137929. Acesso em 23 de março de 2022.

38[200] **2020**	Titular de PL que exceda a 50.000 salários mínimos, apurado anualmente IEGF (durante a calamidade pública)	PF detentora de PL > que 50.000 salários mínimos	Patrimônio Líquido (PL)	- **Alíquota única 0,5%** - Destinação dos recursos: - metade para a saúde - metade para um fundo social para atender aos mais pobres	O Poder Executivo Federal disciplinará, no prazo de 30 dias, as formas e os prazos de apuração e pagamento do imposto instituído por esta lei.

TABELA 3 – PROJETOS DE LEI IGF SEM APENSOS

Conclusão

PL	FATO GERADOR	CONTRIBUINTES	BASE DE CÁLCULO (BC)	ALÍQUOTAS	LANÇAMENTO
50[201] **2020**	Titular do PL IGF **(temporário)** ECGF **(só em 2020)**	- PF com domicílio no Brasil em relação a todos os seus bens - PF residente no exterior, em relação aos bens localizados no Brasil - Espólio	É o Patrimônio Líquido (a diferença entre os bens e direitos de qualquer natureza, localização e emprego, e as obrigações do contribuinte.	Alíquotas - PL superior a 12.000 e menor ou igual a 20.000 vezes o limite mensal da isenção para pessoa física do IR **0,5%** - PL superior a 20.000 e menor ou igual a 70.000 vezes o limite mensal da isenção para pessoa física do IR **0,75%** - PL superior a 70.000 vezes o limite mensal da isenção para pessoa física do IR **1%**	Adm. RFB

200 BRASIL. Senado Federal. **Projeto de Lei Complementar n. 38, de 2020**. Disponível em: https:// www25.senado.leg.br/web/atividade/materias/-/materia/141181. Acesso em 20 de março 2022.

201 BRASIL. Senado Federal. **Projeto de Lei Complementar n. 50, de 2020**. Disponível em: https:// www25.senado.leg.br/web/atividade/materias/-/materia/141223. Acesso em 20 de março 2022.

101 **2021**[202]	Titular de bens e direitos (CEGF) (para aliviar os efeitos da pandemia)	– PF com domicílio no Brasil em relação a todos os seus bens – PF residente no exterior, em relação aos bens localizados no Brasil – Bens dos tutelados ou curatelados	– Riqueza superior a R$ 4.670.000,00 (quatro milhões seiscentos e setenta reais) – Destinação dos recursos: – metade para a saúde – metade para auxílio emergencial para às famílias mais vulneráveis	Alíquotas – BC de R$ 4.670.000,00 até R$ 7.000.000 **0,5%** – BC de R$ 7.000.000,01 até R$ 10.000.000 **1%** – BC de R$ 10.000.000,01 até R$ 15.000.000 **2%** – BC de R$ 15.000.000,01 até R$ 30.000.000 **3%** – BC acima de R$ 30.000.000,01 **5%**	Adm. RFB

[202] BRASIL. Senado Federal. **Projeto de Lei Complementar n. 101 de 2021**. Disponível em: https:// www25.senado.leg.br/web/atividade/materias/-/materia/149004. Acesso em 20 de março 2022.

3.3. Crítica aos modelos legislativos propostos

Os atuais Projetos Legislativos em tramitação no Congresso Nacional possuem significativas diferenças e indefinições que se não forem sanadas, podem, então, deixar este imposto ineficaz e trazer como consequência a judicialização deste tributo.

Há divergências sobre o que é Grande Fortuna, uma vez que os projetos possuem bases de cálculos bastante diferentes. Possuem diversas faixas de valores, variando em um universo que contempla intervalos com valores iniciais de R$ 2.000.000,00 (dois milhões de reais) até R$ 50.000.000,00 (cinquenta milhões de reais) e com valores finais que oscilam entre R$ 15.000.000,00 (quinze milhões de reais) e R$ 1.000.000.000,00 (um bilhão de reais). Não há consenso sobre qual a base de incidência do tributo, se é sobre o patrimônio líquido ou o bruto e qual a sua composição. Quanto aos contribuintes, alguns projetos propõem somente as pessoas físicas e outros já trazem nos seus escopos as pessoas jurídicas também. Há ainda uma grande variação de alíquotas e de deduções da base de cálculo entre os projetos existentes.

Para uma melhor compreensão, tentaremos traçar um comparativo principal entre estes projetos e apontaremos dispositivos marcantes em alguns deles. Estes são os projetos ativos no Congresso Nacional:

a) Projeto de Lei nº 202/1989 e apensados:
PLP 108/1989, PLP 208/1989, PLP 218/1990 e PLP 268/1990.
b) Projeto de Lei nº 277/2008 e apensados:
PLP 26/2011, PLP 62/2011, PLP 9/2019, PLP 130/2012, PLP 48/2011, PLP 2/2015, PLP 6/2015, PLP 121/2021, PLP 10/2015, PLP 11/2015, PLP 281/2016, PLP 294/2016, PLP 302/2016, PLP 324/2016, PLP 335/2016, PLP 205/2019, PLP 239/2019, PLP 59/2020, PLP 63/2020, PLP 201/2020, PLP 77/2020, PLP 82/2020, PLP 88/2020, PLP 95/2020, PLP 103/2020, PLP 123/2020, PLP 188/2020, PLP 193/2020, PLP 215/2020, PLP 268/2020, PLP 190/2020, PLP 130/2021 e PLP 74/2022.
c) PLS 315/2015, PLP 183/2019, PLP 38/2020, PLP 50/2020 e PLP 101/2021.

Estes projetos são bastante parecidos em termos de estruturas. A sua maioria define os fatos geradores do Imposto sobre Grandes Fortunas

– IGF, quem são os contribuintes, como é formada a base de cálculo, quais são as alíquotas, os tipos de lançamentos e a legislação subsidiária aplicável.

Em comum, os seus fatos geradores são as titularidades das fortunas, apuradas anualmente de acordo com o mês de cada projeto, sendo em sua maioria nos dias 1º de janeiro ou 31 de dezembro. Definem fortuna como o conjunto de todos os bens e direitos, situados no país ou no exterior. Como supracitado, os valores são os mais variados possíveis

Praticamente todos definem a mesma regra para o patrimônio da sociedade conjugal, sendo cada cônjuge tributado pela titularidade do patrimônio individual e, se houver, de metade do valor do patrimônio comum, e da integralidade do patrimônio dos seus dependentes.

O núcleo comum dos contribuintes é formado pelas pessoas físicas domiciliadas no Basil em relação a todos os seus bens, pelas pessoas físicas ou jurídicas domiciliadas no exterior em relação ao patrimônio que tenham no Brasil e, também, pelo espólio de ambas as pessoas físicas acima.

A base de cálculo é o valor do conjunto de bens e direitos que compõem a fortuna do titular e de seus dependentes. Nela são excluídos vários valores, com exceção das obrigações contraídas para a aquisição destes bens ou direitos, estes chamados de custo de aquisição.

Os projetos possuem algumas diferenças nestas exclusões, mas como núcleo comum na maioria deles podemos trazer como exemplo as previstas no Projeto de Lei Complementar nº 02 de 2015[203], de autoria do Deputado Sarney Filho, em seu artigo 4º:

- dívidas do contribuinte, com exceção das contraídas para a aquisição de bens ou direitos;
- ônus reais incidentes sobre os bens e direitos integrantes do patrimônio do contribuinte;
- no caso de bens imóveis, veículos automotores, aeronaves e embarcações, os valores efetivamente pagos pelo contribuinte correspondentes aos

203 BRASIL. Câmara dos Deputados. **Projeto de Lei Complementar n. 2, de 2015**. Disponível em: https://www.camara.leg.br/proposicoesWeb/fichadetramitacao?idProposicao=944278. Acesso em 22 de março 2022.

impostos de que tratam, conforme o caso, os arts. 153, VI; 155, III; e 156, I; da Constituição Federal;
- bens e instrumentos utilizados pelo contribuinte no exercício da sua atividade profissional da qual decorram rendimentos do trabalho assalariado ou autônomo, até o limite fixado em lei;
- outros bens cuja posse ou utilização seja considerada de alta relevância cultural, social, econômica ou ecológica pela lei.

Outras exclusões que também são comuns em muitos projetos são os chamados imóveis de residência do contribuinte e, também, os instrumentos utilizados pelo contribuinte em atividades que decorram rendimentos do trabalho não assalariado, com exceção do pró-labore. No Projeto de Lei Complementar nº 62 de 2011[204], de autoria do Deputado Cláudio Puty, é estabelecido o valor máximo de R$ 600.000,00 (seiscentos mil reais) para o imóvel de residência e de R$ 300.000,00 (trezentos mil reais) para estes instrumentos utilizados em atividades que decorram os rendimentos do trabalho não assalariado. Estas exclusões possuem variações de valor máximo de aplicação de acordo com cada projeto.

Outro ponto importante e fundamental nos projetos de lei sobre a criação do Imposto sobre Grandes Fortunas é aquele que define as regras de avaliação dos bens e direitos que formarão a base de cálculo. Por exemplo, o Projeto de Lei Complementar nº 239 de 2019[205], de autoria da Deputada Perpétua Almeida, traz os seguintes critérios e parâmetros para a avaliação dos bens, direitos e obrigações que integram o patrimônio do contribuinte:

I – os imóveis serão avaliados de acordo com a base de cálculo do imposto sobre propriedade territorial rural ou do imposto sobre propriedade predial e territorial urbana, ou se situado no exterior, pelo custo de aquisição;

[204] BRASIL. Câmara dos Deputados. **Projeto de Lei Complementar n. 62, de 2011**. Disponível em: https://www.camara.leg.br/proposicoesWeb/fichadetramitacao?idProposicao=505193. Acesso em 21 de março 2022.

[205] BRASIL. Câmara dos Deputados. **Projeto de Lei Complementar n. 239, de 2019**. Disponível em: https://www.camara.leg.br/proposicoesWeb/fichadetramitacao?idProposicao=2226356. Acesso em 25 de março 2022.

II – os créditos pecuniários sujeitos à correção monetária ou cambial, pelo valor atualizado, excluído o valor dos considerados, nos termos da lei, de realização improvável;
III – as aplicações em instrumentos financeiros, inclusive derivativos, e em direitos e títulos de créditos pelo valor de custo de aquisição ou valor de emissão, atualizado conforme disposições legais ou contratuais, ajustado ao valor provável de realização, quando este for inferior, no caso das demais aplicações;
IV – os investimentos em participação no capital social de sociedades, pelo custo de aquisição, deduzido de provisão para perdas prováveis na realização do seu valor, quando essa perda estiver comprovada como permanente;
V – outros investimentos, pelo custo de aquisição, deduzido de provisão para atender às perdas prováveis na realização do seu valor, ou para redução do custo de aquisição ao valor de mercado, quando este for inferior;
VI – os direitos, pelo custo de aquisição, deduzido do saldo da respectiva conta de depreciação, amortização ou exaustão;
VII – os demais bens, pelo custo de aquisição;
VIII – as obrigações, encargos e riscos, conhecidos ou calculáveis, serão computados pelo valor atualizado até 31 de dezembro do ano anterior ao da apuração do imposto;
IX – as obrigações em moeda estrangeira, com cláusula de paridade cambial, serão convertidas em moeda nacional à taxa de câmbio em vigor em 31 de dezembro do ano anterior ao da apuração do imposto.

Alguns projetos propõem avaliações de acordo com o valor de mercado, mas a sua grande maioria optou para a avaliação de bens imóveis a base de cálculo do IPTU ou ITR, ou se situado no exterior, pelo custo de aquisição. Quase que a totalidade dos bens restantes, direitos e obrigações são avaliados pelo custo de aquisição e corrigidos monetariamente. Ao que nos parece mais adequado, uma vez que tradicionalmente a contabilidade e a lei comercial prescrevem a avaliação dos bens pelo custo comercial e, no caso específico do Brasil, o processo inflacionário prejudica a avaliação pelo valor de mercado.

Quanto às alíquotas também não há unanimidade. Algumas propostas escolheram percentual único, outros optaram por diferentes alíquotas aplicadas, anualmente, em faixas de valores de patrimônio, de forma progressiva. Os projetos oscilam alíquotas que vão de 0,5% a 30%. Cada um com a sua variação própria de intervalo.

É mister detalharmos que nenhum destes projetos se preocupou com os efeitos das variações da inflação brasileira sobre o patrimônio a ser tributado. Carlos Henrique Machado e Vicente Lisboa Capella[206], com o fito de evitar distorções na cobrança do IGF, propõem que suas alíquotas sejam atreladas à Taxa média ajustada dos financiamentos diários apurados no Sistema Especial de Liquidação e de Custódia – SELIC. Carlos Henrique Machado e Vicente Lisboa Capella argumentam ainda:

> Tal sistemática garantiria que as variações da inflação e da taxa real de juros não representassem um fator de distorção do IGF. Ainda, impediria que o tributo fosse irrisório em períodos em que a SELIC estivesse elevada, bem como limitaria a tributação nos anos em que a taxa básica de juros fosse extremamente pesada, refletindo questões econômicas[207].

Na discussão dos projetos de lei complementar é fundamental a análise sobre a proposta dos autores, uma vez que a aplicação de tal método, segundo Carlos Henrique Machado e Vicente Lisboa Capella, asseguraria a observância da capacidade contributiva e serviria também como uma boa medida para evitar que o tributo fosse confiscatório e corroesse a totalidade da capacidade produtiva do patrimônio tributado[208].

Quase a totalidade deles regula o lançamento deste tributo por declaração do contribuinte, presumindo-se os bens não declarados como sonegação ao imposto de renda. Salvo prova em contrário, considera-se fraudulenta a transferência de patrimônio por valor notoriamente inferior ao de mercado, sendo o ato considerado ineficaz perante a Administração Tributária para fins de cobrança do imposto. Torna-se solidariamente responsável aquele que tenha, por qualquer modo, colaborado

[206] MACHADO, Carlos Henrique; CAPELLA, Vicente Lisboa. **Alíquota do Imposto sobre Grandes Fortunas: Atrelamento à Taxa de Juros Básicas da Economia Brasileira (Selic)**, 2021. Disponível em https://portalrevistas.ucb.br/index.php/EALR/article/view12859. Acesso em 20.04.2021. p. 454.

[207] Ibidem, p. 456.

[208] Idem.

com o ato dissimulado. Há alguns projetos que atribuem o lançamento à Receita Federal do Brasil, mas estes são exceções. Em regra, atribuem a este órgão à administração do IGF, incluídas as atividades de tributação, fiscalização e arrecadação, bem como o estabelecimento de obrigações acessórias.

Aos projetos sobre o Imposto sobre Grandes Fortunas aplicam de forma subsidiária, no que couber, dispositivos da legislação do Imposto sobre a Renda referentes à administração, lançamento, consulta, cobrança, penalidades, garantias e processo administrativo.

Há dispositivos que merecem destaque, como a obrigatoriedade, na maioria dos projetos, de dedução do valor do imposto dos seguintes tributos recolhidos integralmente no exercício anterior, e desde que referentes a bens constantes da declaração:

- Imposto Territorial Rural – ITR;
- Imposto sobre a Propriedade de Veículos Automotores – IPVA;
- Imposto sobre a Transmissão Causa Mortis e Doação – ITCMD;
- Imposto sobre a Propriedade Predial e Territorial Urbana – IPTU;
- Imposto sobre a Transmissão de Bens Intervivos – ITBI.

Também merece realce o art. 7º do Projeto de Lei Complementar nº 82 de 2020[209], de autoria do Deputado Léo Moraes, que prevê a responsabilidade solidária da pessoa jurídica pelo pagamento do IGF sempre que houver indícios de transferência de bens e direitos para seu patrimônio, com o objetivo de evitar a incidência desse imposto.

Alguns projetos sugerem a repartição do montante arrecadado em diferentes percentuais para a União, Estados, Distrito Federal-DF e municípios. Porém, não estabelecem regras de como será esta distribuição entre os estados, DF e os municípios. Não há regras, por exemplo, de distribuição de acordo com o número de habitantes de cada ente.

Ressaltamos que alguns projetos, principalmente aqueles propostos a partir do ano de 2020, durante a pandemia do vírus da Covid-19, pro-

[209] BRASIL. Câmara dos Deputados. **Projeto de Lei Complementar n. 82, de 2020**. Disponível em: https://www.camara.leg.br/proposicoesWeb/fichadetramitacao?idProposicao=2244212. Acesso em 25 de março 2022.

põem a destinação do montante arrecadado para fins específicos, como a educação básica e a saúde.

É bastante relevante o § 7º do art. 6º do Projeto de Lei Complementar nº 294 de 2016[210], de autoria do Deputado Moses Rodrigues:

> § 7º É facultada à Administração Tributária a identificação de patrimônio e renda do contribuinte situadas no exterior mediante troca de informações com autoridades estrangeiras nos termos de tratados internacionais dos quais o Brasil for parte.

É fundamental para a fiscalização, cobrança e administração do IGF o acesso às informações do patrimônio e renda do contribuinte que estejam ou se realizem no exterior, e, para isto, é necessário e essencial o compartilhamento de informações com autoridades estrangeiras.

Por último, acreditamos que estas divergências constantes nos projetos de lei podem ser mitigadas através de estudo estatístico elaborado com base nos dados oficiais de renda e patrimônio dos contribuintes.

3.4 Fatores objetivos que dificultam a implementação do IGF como manifestação da equidade tributária

Conforme discorrido ao longo de todo este trabalho, os princípios e instrumentos de ordem tributária buscam concretizar o ideal de justiça fiscal e equidade tributária.

Nesse sentido, há maior relevância no estudo e desenvolvimento dos princípios da igualdade, com a ideia de exação desigual para os desiguais, e da capacidade contributiva, sendo que este último funciona como critério de diferenciação do primeiro.

A positivação dos princípios da Igualdade e da Legalidade ao lado dos direitos fundamentais que asseguram a liberdade, além das questões atinentes à formação e constituição do Estado, são o que constituem, portanto, o Estado Democrático de Direito que, dentre outros objetivos,

210 BRASIL. Câmara dos Deputados. **Projeto de Lei Complementar n. 294, de 2016.** Disponível em: https://www.camara.leg.br/proposicoesWeb/fichadetramitacao?idProposicao=2088958. Acesso em 22 de março 2022.

constam a construção de uma sociedade livre, justa e solidária e a redução das desigualdades sociais.

No âmbito do direito tributário, a teoria da igualdade de sacrifício e do mínimo vital ou mínimo existencial servem de instrumentos para promoção de uma tributação mais justa e igualitária, revestindo a tributação também de caráter social.

De fato, para além do caráter econômico e financeiro do direito tributário, cuja finalidade arrecadatória tem fundamento no custeio das despesas públicas pela sociedade, há que ser observado, ainda, o caráter social e jurídico. É justamente nesse contexto que surge a necessidade de promoção da equidade e da justiça tributária.

Nessa extensão, há espaço para as lições de Cleucio Santos Nunes[211], que destaca:

> A equidade e a justiça tributárias são pretensões do Estado Democrático de Direito. Propor um modelo de tributação que considere seriamente a equidade das regras tributárias entre os contribuintes, a promoção da justiça social por meio da matriz tributária, a dignidade da pessoa humana e a proteção do mínimo existencial como valores e princípios democráticos identificados no seio da tributação exige considerações sobre os sentidos político e jurídico do Estado Democrático de Direito.

O Estado Democrático de Direito, radicado nos princípios constitucionais da Legalidade e da Igualdade, além da observância dos direitos humanos fundamentais, só pode ser assim considerado em sua completude, quando, igualmente observados, os princípios tributários constitucionais que conduzem à equidade tributária.

A implementação do IGF pode, a princípio, trazer a ideia de um Imposto sobre Grandes Fortunas capaz de servir de instrumento para concretização de uma tributação mais justa, uma vez que visa a exação sobre o patrimônio de pessoas – físicas e/ou jurídicas – que possuem bens definidos por lei – complementar – como grandes fortunas.

[211] Nunes, 2019, p. 234/235.

Ives Gandra da Silva Martins, através da análise dos países que implementaram o Imposto sobre Grandes Fortunas – IGF, conforme destacamos no item 1.4 deste trabalho, evidencia alguns fatores objetivos que dificultam sua implementação no Brasil.

O primeiro fator defendido[212] como empecilho ou entrave para implementação do IGF é a evasão de capitais. É de ordem econômica e reverbera nas contas públicas e em todo o setor produtivo.

Em um cenário em que o país já possui uma alta carga tributária a ser suportada por pessoas físicas e jurídicas, não é difícil delinear os efeitos que a implementação de mais um imposto seria capaz gerar.

No plano econômico, portanto, fatores como evasão de capitais, a desconsideração do país por grandes conglomerados econômicos e empresas multinacionais para instalação e investimento, e a facilidade e acesso de transferência de bens por pessoas possuidoras de "grandes fortunas" para outros países – elisão fiscal – são as consequências apontadas que dificultam a instituição do IGF nos países.

Sobre o tema, interessa evidenciar a observação dos autores Pedro Carvalho Junior e Marc Morgan.[213]

> [...] Os autores [Saez e Zucman] reconhecem que a evasão do imposto sobre a fortuna é um grande desafio. No entanto, Seim (2017) e Jakobsen et al. (2018) argumentam que isso pode ser minimizado com medidas enérgicas contra evasão fiscal, incluindo sanções para as empresas provedoras de serviços de sonegação fiscal e planejamento tributário agressivo e o uso relatórios fiscais de terceiras partes (em geral instituições financeiras) para validar a declaração dos ativos feita pelos contribuintes, incluindo o relatórios do sistema financeiro, cartórios, empresas públicas e governos locais, como ocorreu na administração tributária do imposto sobre a riqueza na Suécia e na Dinamarca (atualmente extinto nesses dois países). Londono-Velez & Avila-Mahecha (2018), estudando o caso do imposto sobre a fortuna na

212 MARTINS, Ives Gandra da Silva. **O Imposto Sobre Grandes Fortunas**. Fev. 2008. Jusnavigandi. Disponível em https://jus.com.br/artigos/10977/o-imposto-sobre-grandes-fortunas. Acesso em: 04 de abril de 2022.

213 CASTRO, Jorge Abrahão de. **Brasil: Estado social contra a barbárie** – São Paulo: Fundação Perseu Abramo, 2020.p. 108.

Colômbia, observam que a evasão fiscal é um grande desafio para países em desenvolvimento e destacam a importância de relatórios de terceiras-partes para melhorar a eficiência do imposto entre os contribuintes mais ricos. Isso acaba se tornando em grande parte um problema político, ao se dedicar recursos e informações adequadas às administrações tributárias.

De fato, a fuga de capitais, somada a outros fatores, foi o que levaram a França a abolir o referido imposto no país, conforme tratado no tópico 1.4 deste trabalho.

Ives Gandra da Silva Martins[214] aduz ainda que a tributação sobre grandes fortunas seria bitributação. Somado ao fator de ordem econômica, a instituição do IGF avoca o entrave de ordem política, qual seja, a articulação e negociação no plano internacional para celebração de tratados e acordos internacionais entre os países para que seja evitada a bitributação, uma vez que os bens que poderão compor a base de cálculo do IGF no Brasil, também poderão ser hipótese de incidência de tributação nos países em que estão localizados.

Doutra margem, há que ser observado ainda o fato de ordem administrativa, a dificuldade de implementação de um sistema de cobrança e fiscalização de patrimônios constituídos de grandes fortunas. Far-se-ão necessários, portanto, a criação e a implementação de um sistema que viabilize a unificação e a concentração de informações entre os entes públicos para sejam procedidas corretamente a cobrança e a fiscalização do imposto. Ives Gandra da Silva Martins[215] alega os elevados custos que a Administração Pública teria para a mencionada sistematização, que demandaria gastos com tecnologia e pessoal para implementação e manutenção do sistema.

Por último, Ives Gandra da Silva Martins[216] defende o fato de ordem tributária que ocasionou a abolição do imposto em diversos países euro-

214 MARTINS, Ives Gandra da Silva. **Curso de direito tributário.** São Paulo: Saraiva. 2008, p. 24.

215 MARTINS, Ives Gandra da Silva. **O Imposto Sobre Grandes Fortunas**. Fev. 2008. Jusnavigandi. Disponível em https://jus.com.br/artigos/10977/o-imposto-sobre-grandes-fortunas. Acesso em: 04 de abril de 2022.

216 Ibidem.

peus, qual seja, a baixa ou modesta arrecadação do imposto considerando seu impacto no PIB, conforme demonstra a experiencia internacional, exposta no tópico 1.4.

Este capítulo possui a função de trazer contrapontos à implantação do Imposto sobre Grandes Fortunas, mas sem deixar de lembrar a importante função do caráter social, alicerçada na diminuição das desigualdades sociais, redistribuição de renda e promoção da equidade tributária e justiça fiscal, consequências da implementação do IGF.

CONCLUSÕES

A Constituição Federal de 1988 – CF/88 – trouxe expressamente em seu texto direitos e garantias fundamentais, sem excluir a adoção de outros decorrentes do regime e dos princípios por ela adotados, ou dos tratados internacionais em que a República Federativa do Brasil seja parte. A concretude destes direitos passa necessariamente pela função do tributo. José Casalta Nabais[217], em seu livro "O dever fundamental de pagar impostos" afirma que o dever geral de pagar tributos é um elemento basilar na forma de Estado hoje vigente e essencial à garantia do bem comum: *"pressuposto geral da existência e funcionamento do estado e consequentemente reconhecimento e garantia dos direitos fundamentais em seu conjunto."*

A nossa Carta Magna, em seu art. 3º, define os objetivos da República Federativa do Brasil. Entre eles cita a *"construção de uma sociedade livre, justa e solidária"* e a *"redução das desigualdades sociais e regionais"*. A busca por uma sociedade mais justa e solidária e por uma redução das desigualdades sociais, aliadas à real necessidade de aplicação dos princípios constitucionais da igualdade, da legalidade, e, também, dos princípios constitucionais tributários da capacidade contributiva, do não-confisco e da progressividade fortalecem a necessidade de implementação do Imposto sobre Grandes Fortunas (IGF) como instrumento de promoção da equidade e da justiça tributária.

A matriz tributária brasileira é regressiva e injusta. Há uma maior tributação sobre o consumo e uma menor sobre patrimônio e renda em comparação com a média dos países membros da Organização para

[217] Nabais, 1998. p. 59.

a Cooperação e Desenvolvimento Econômico – OCDE. Nos países da OCDE[218], a tributação média sobre a renda é de 34,1%, sobre o patrimônio é de 5,5% e sobre o consumo de 32,4%, enquanto no Brasil é de 18,3% sobre a renda, 4,4% sobre o patrimônio e de 49,7% sobre o consumo. A CF/88 em seu art. 153, inciso VII, estabelece que o IGF será implementado através de Lei Complementar, mas já passados mais de 34 anos de sua promulgação, este imposto é ainda o único de nossa carta constitucional não instituído. É importante ressaltar que sua implementação tem o condão, também, de influenciar nossa matriz tributária, uma vez que aumentaríamos a tributação sobre grandes fortunas. A esse respeito, tem-se como fundamento a tentativa de amenizar a injustiça tributária que deixa o Brasil no *ranking* dos países que menos tributam os considerados "ricos", para que assim sejam estabelecidos equilíbrios legal e social almejados.

As crises sanitária, social e econômica provocadas pela Covid-19 no cenário nacional acendeu o debate sobre a implementação do IGF. Já havia no Congresso Nacional 23 (vinte e três) projetos de lei complementar sobre o tema, mas somente nos dois anos e seis meses de Covid-19 foram apresentados mais 20 (vinte) projetos. Nessa discussão, há autores que defendem como principais empecilhos os já enumerados no item 3.4 deste trabalho: Fuga de capital, difícil mensuração da grande fortuna, alto custo de fiscalização, aumento da sonegação, transferência de bens para outros países, bitributação e modesta arrecadação. Por outro lado, argumenta-se que com o uso atual da tecnologia e com a realização de convênios internacionais teríamos como consequências os incrementos da fiscalização e do controle, coibindo-se assim a maioria dos entraves ao bom funcionamento do IGF no Brasil.

Naturalmente, o IGF possui uma função arrecadatória e neste ponto é importante trazer à baila o estudo[219] *"Tributar os super-ricos para recons-*

[218] OECD: **Revenue Statistics Comparative Tabels.** Disponível em https://stats.oecd.org/index.aspx?DataSetCode; Ministério da Fazenda. Secretaria da Receita Federal. CETAD – Centro de Estudos Tributários e Aduaneiros. Acesso em 10 de março de 2022.

[219] ANFIP/FENAFISCO, **Tributar os super-ricos para reconstruir o país**, pág. 79. Disponível em https://issuu.com/fenafisco/docs/documento_completo. Acesso em 20 de abril de 2022.

truir o país", dirigido pela Associação Nacional dos Auditores Fiscais da Receita Federal do Brasil - ANFIP, pela Federação Nacional do Fisco Estadual e Distrital - FENAFISCO e outras entidades fiscais. Este documento explica que considerando uma alíquota média 2,5% sobre os valores que excedam o limite de R$ 10.000.000,00 (dez milhões de reais) somente em relação aos valores constantes nas Declarações das Rendas sobre as Pessoas Físicas - DIRPFs, a arrecadação anual estimada seria na ordem de 40 bilhões de reais. Dado que contrapõe o argumento de sua modesta arrecadação. Ademais, é primordial entender que além de sua função fiscal, este tributo tem o fito de aprimorar a equidade tributária e a justiça fiscal neste país.

Por fim, a implementação do IGF servirá como manifestação da equidade tributária. E para isto, será primordial na elaboração do projeto de lei final a aplicação dos princípios constitucionais da legalidade, da igualdade, da capacidade contributiva, do não-confisco e da progressividade. Além de sua função de fonte de recursos, de contribuição para a inversão de nossa matriz tributária, o IGF será, fundamentalmente, instrumento necessário à promoção da garantia dos direitos fundamentais previstos em nossa Carta Magna.

REFERÊNCIAS

AGÊNCIA Brasil. **Inquérito Nacional sobre Insegurança Alimentar no Contexto da Pandemia da Covid-19 no Brasil.** Disponível em https://agenciabrasil.ebc.com.br/geral/noticia/2021-04/pesquisa-revela-que-19-milhoes-passaram-fome-no-brasil-no-fim-de-2020 – Acesso em 15.05.2021.

AGUIAR, Robson de Oliveira. **A progressividade fiscal do IPTU: uma questão republicana.** Revista Tributária e de Finanças Públicas, São Paulo, v. 18, n. 94, set/out-2010.

AMARO, Luciano. **Direito Tributário Brasileiro.** 16ª ed. São Paulo: Saraiva, 2010.

ANFIP/FENAFISCO, **Tributar os super-ricos para reconstruir o país,** pág. 79. Disponível em https://issuu.com/fenafisco/docs/documento_completo. Acesso em 20 de abril de 2022.

ARISTÓTELES. **Ética a Nicômaco.** Trad. Leonel Vallandro e Gerd Bornheim. São Paulo: Nova Cultural, 1987.

ATALIBA, Geraldo. **Hipótese de Incidência Tributária.** 6. ed. São Paulo: Malheiros, 2004.

ÁVILA, Humberto. **Sistema constitucional tributário.** 3. ed. São Paulo: Saraiva, 2008.

ÁVILA, Humberto. **O Princípio da Isonomia em Matéria Tributária,** In. TÔRRES, Heleno Taveira (coord.). Teoria Geral da Obrigação Tributária: estudos em homenagem ao Professor José Souto Maior Borges. São Paulo: Malheiros, 2005.

BALEEIRO, Aliomar. **Direito tributário brasileiro: CTN Comentado / Aliomar Baleeiro, Misabel Abreu Machado Derzi.** – 14. ed., rev. atual. e ampl. – Rio de Janeiro: Forense, 2018.

BALEEIRO, Aliomar. **Limitações ao Poder de Tributar.** 7. ed. rev. e compl. à luz da Constituição de 1988. Rio de Janeiro, Forense, 2003.

BALEEIRO, Aliomar. **Uma Introdução à Ciência das Finanças/ Aliomar Baleeiro.** – 18ª ed. ver. e atualizada por Hugo de Brito Machado Segundo. Rio de Janeiro: Forense, 2012.

BALTHAZAR, Ubaldo Cesar. **História do Tributo no Brasil**. São Paulo: Boiteux, 2005.

BARBOSA, Rui. **Oração aos moços**. Edição comemorativa dos 170 anos de nascimento de Rui Barbosa. Senado Federal, 2019.

BECKER, Alfredo Augusto. **Teoria Geral do Direito Tributário**. 7. ed. São Paulo: Noeses, 2018.

BOITEAUX, Elza Antônia Pereira Cunha. **Variações sobre o conceito de equidade**. In: ADEODATO, João Maurício; BITTAR, Eduardo C.B. (org.) – Filosofia e Teoria Geral do Direito: estudos em homenagem a Tercia Sampaio Ferraz Junior por seu septuagésimo aniversário – São Paulo: Quartier Latin, 2011.

BRASIL. Câmara dos Deputados. **Projeto de Lei Complementar n. 202, de 1989 e apensos.**. Disponível em: https://www.camara.leg.br/propostas-legislativas/21594. Acesso em 03 de abril de 2022.

BRASIL. Câmara dos Deputados. **Projeto de Lei Complementar n. 277, de 2008**. Disponível em: https://www.camara.leg.br/propostas-legislativas/388149. Acesso em 20 de março de 2022.

BRASIL. Câmara dos Deputados. **Projeto de Lei Complementar n. 62, de 2011**. Disponível em: https://www.camara.leg.br/proposicoesWeb/fichadetramitacao?idProposicao=505193. Acesso em 21 de março 2022.

BRASIL. Câmara dos Deputados. **Projeto de Lei Complementar n. 2, de 2015**. Disponível em: https://www.camara.leg.br/proposicoesWeb/fichadetramitacao?idProposicao=944278. Acesso em 22 de março 2022.

BRASIL. Câmara dos Deputados. **Projeto de Lei Complementar n. 294, de 2016**. Disponível em: https://www.camara.leg.br/proposicoesWeb/fichadetramitacao?idProposicao=2088958. Acesso em 22 de março 2022.

BRASIL. Câmara dos Deputados. **Projeto de Lei Complementar n. 239, de 2019**. Disponível em: https://www.camara.leg.br/proposicoesWeb/fichadetramitacao?idProposicao=2226356. Acesso em 25 de março 2022.

BRASIL. Câmara dos Deputados. **Projeto de Lei Complementar n. 82, de 2020**. Disponível em: https://www.camara.leg.br/proposicoesWeb/fichadetramitacao?idProposicao=2244212. Acesso em 25 de março 2022.

BRASIL. Câmara dos Deputados. **Projeto de Lei Complementar n. 215/2020**. Disponível em: https://www.camara.leg.br/propostas-legislativas/2260489. Acesso em 20 de março 2022

BRASIL. **Código Tributário Nacional. Lei n. 5.172/1966.** Disponível em: http://www.planalto.gov.br/ccivil_03/leis/L5172compilado.htm. Acesso em 05 fevereiro de 2022.

BRASIL. **Constituição Federal de 1988**. Disponível em: http://www.planalto.gov.br/ccivil_03/constituicao/constituicao.htm. Acesso em 03 fevereiro de 2022.

BRASIL. **Constituição da República dos Estados Unidos do Brasil**, de 24 de fevereiro de 1891.

BRASIL. **Constituição da República dos Estados Unidos do Brasil**, de 16 de julho de 1934

BRASIL. **Constituição Política do Império do Brazil**, de 25 de março de 1824.

BRASIL. **Lei 9.250 de 26 de dezembro de 1995.** Disponível em: http://www.planalto.gov.br/ccivil_03/leis/l9250.htm. Acesso em 02 de fevereiro de 2022.

BRASIL. Ministério da Fazenda. **Relatório da Distribuição Pessoal da Renda e da Riqueza da População Brasileira**, maio de 2016. Disponível em https://www.gov.br/fazenda/pt-br/centrais-de-conteudos/publicacoes/transparencia-fiscal/distribuicao-renda-e-riqueza/relatorio-distribuicao-da-renda-2016-05-09.pdf. p. 16 e 19 – Acesso em 15.05.2021.

BRASIL. Secretaria do Tesouro Nacional – **Estimativa da Carga Tributária Bruta do Governo Geral** – Última alteração: 30 de março de 2021. Disponível em https://sisweb.tesouro.gov.br/apex/f?p=2501:9::::9:P9_ID_PUBLICACAO:38233. Acesso em 02.05.2022.

BRASIL. Senado Federal. **Portal da Constituição Cidadã**. Anteprojeto Afonso Arinos. Disponível em https://www2.camara.leg.br/atividade-legislativa/legislacao/Constituicoes_Brasileiras/constituicao-cidada/o-processo-constituinte/antecendentes. Acesso em 25 jan. 2022.

BRASIL. Senado Federal. **Projeto de Lei Complementar n. 315, de 2015**. Disponível em: https://www25.senado.leg.br/web/atividade/materias/-/materia/121420. Acesso em 23 de março de 2022.

BRASIL. Senado Federal. **Projeto de Lei Complementar n. 183, de 2019**. Disponível em: https://www25.senado.leg.br/web/atividade/materias/-/materia/137929. Acesso em 23 de março de 2022.

BRASIL. Senado Federal. **Projeto de Lei Complementar n. 38, de 2020**. Disponível em: https:// www25.senado.leg.br/web/atividade/materias/-/materia/141181. Acesso em 20 de março 2022.

BRASIL. Senado Federal. **Projeto de Lei Complementar n. 50, de 2020**. Disponível em: https:// www25.senado.leg.br/web/atividade/materias/-/materia/141223. Acesso em 20 de março 2022.

BRASIL. Senado Federal. **Projeto de Lei Complementar nº 101, de 2021**. Disponível em https://www25.senado.leg.br/web/atividade/materias/-/materia/149004. Acesso em 20 de março de 2022.

CARNEIRO, Claudio. **Curso de Direito Tributário e Financeiro** – 9. Ed. – São Paulo: Saraiva Educação, 2020

CARRAZZA, Roque Antônio. **Curso de Direito Constitucional Tributário**. 27. ed. São Paulo: Malheiros Editores, 2010

CARVALHO, Paulo de Barros. **Curso de direito tributário** / Paulo de Barros Carvalho. – 30. ed. – São Paulo: Saraiva Educação, 2019.

CARVALHO, Paulo de Barros. **Curso de Direito Tributário.** 27. ed., São Paulo: Saraiva, 2016.

CARVALHO, Paulo de Barros. **Direito tributário: linguagem e método** / Paulo de Barros Carvalho. – 7. ed. rev. – São Paulo: Noeses, 2018

CASTRO, Jorge Abrahão de. **Brasil: Estado social contra a barbárie** – São Paulo: Fundação Perseu Abramo, 2020.

COÊLHO, Sacha Calmon Navarro. **Curso de direito tributário brasileiro** / Sacha Calmon Navarro Coêlho. – 17. ed. – Rio de Janeiro: Forense, 2020.

CONTI, José Maurício. **Princípios tributários da capacidade contributiva e da progressividade.** São Paulo: Dialética, 1997.

CONSTITUINTE, Assembleia Nacional. Comissão de Sistematização. **Ata da Reunião de Instalação da Comissão de Sistematização**. Disponível em http:// www.senado.gov.br/publicacoes/anais/constituinte/sistema.pdf.

CORREA, Walter Barbosa. **Contribuição ao estudo da extrafiscalidade**. 1964. Universidade de São Paulo, São Paulo, 1964.

CORREIA NETO, Celso de Barros. **O avesso do tributo: incentivos e renúncias fiscais no direito brasileiro**. 2. ed. – São Paulo: Almedina, 2016

COSTA, Regina Helena. **Princípio da capacidade contributiva**. 3. ed. São Paulo: Malheiros, 2003.

DERZI, Misabel de abreu e COELHO, Sacha Calmon Navarro. **O Imposto sobre a Propriedade Predial e Territorial Urbana.** São Paulo: Saraiva, 1982.

FERNANDES, Cintia Estefania. **IPTU – Texto e Contexto**. São Paulo: Quartier Latin, 2005.

FERREIRA, Abel Henrique. **O Princípio da Capacidade Contributiva Frente aos Tributos Vinculados e aos Impostos Reais e Indiretos**. In: Revista Fórum de Direito Tributário. Belo Horizonte, ano I, n. 6, nov. 2003.

GASSEN, Valcir. **Matriz tributária brasileira: uma perspectiva para pensar o Estado, a Constituição e a Tributação no Brasil.** In: GASSEN, Valcir (org.) Equidade e Eficiência da Matriz Tributária Brasileira: Diálogos sobre Estado, Constituição e Direito Tributário. Brasília: Consulex, 2012.

GONÇALEZ, Antônio Manoel. **Princípios Constitucionais Tributários.** In: Caderno de Pesquisas Tributárias. 18. Ed. Resenha Tributária e Centro de Estudos de Extensão Universitária. São Paulo. 1993.

HARADA, Kiyoshi. **Sistema tributário da constituição federal de 1988**. Tributação progressiva. São Paulo: Saraiva, 1991

MACHADO, Carlos Henrique; CAPELLA, Vicente Lisboa. **Alíquota do Imposto sobre Grandes Fortunas: Atrelamento à Taxa de Juros Básicas da Economia Brasileira (Selic)**, 2021. Disponível em <https://portalrevistas.ucb.br/index.php/EALR/article/view12859. Acesso em 20.04.2021.

MACHADO, Carlos Henrique. **Modelo Multiportas no Direito Tributário.** Porto Alegre: Livraria do Advogado, 2021.

MACHADO, Hugo de Brito. **Curso de Direito Tributário** – 37. ed. rev.,atual. e ampl. São Paulo: Malheiros, 2016.

MACHADO, Hugo de Brito. **Imposto sobre grandes fortunas.** In: O Sistema Tributário na Nova Constituição do Brasil. São Paulo : Ed. Resenha Tributária, 1988.

MACHADO, Hugo de Brito. **Os Princípios Jurídicos da Tributação na Constituição de 1988**. São Paulo, RT, 1991.

MACHADO SEGUNDO, Hugo de Brito. **Código Tributário Nacional**: anotações à Constituição, ao Código Tributário Nacional e as leis complementares 87/1996 e 116/2003.

MARTINS, Ives Gandra da Silva. **Curso de direito tributário.** São Paulo: Saraiva. 2008.

MARTINS, Ives Gandra da Silva. **O Imposto Sobre Grandes Fortunas**. Fev. 2008. Jusnavigandi. Disponível em https://jus.com.br/artigos/10977/o-imposto-sobre-grandes-fortunas. Acesso em: 04 de abril de 2022.

MEIRA, Liziane. **Direitos Fundamentais e Tributação: salário, saúde, aposentadoria e tributação – tensão dialética.** In: BRANCO, Paulo; MEIRA, Liziane;

CORREIA NETO, Celso de Barros (Org.). Tributação e Direitos Fundamentais – Conforme Jurisprudência do STF e do STJ. São Paulo: Saraiva, 2012.

MILL, John Stuart. **Princípios de economia Política**. Trad. Luiz João Baraúna. Coleção "Os economistas. São Paulo: Abril S.A. Cultural, 1983.

MOTA, Sérgio Ricardo Ferreira. **Imposto sobre Grandes Fortunas no Brasil.** Rio de Janeiro: MP Editora, 2010.

MURPHY, Liam; NAGEL, Thomas. **O mito da propriedade privada: os impostos e a justiça.** Trad. Marcelo Brandão Cipolla. São Paulo: Martins Fontes, 2005.

NABAIS, José Casalta. **O dever fundamental de pagar impostos**. Coimbra: Almedina, 1998.

NUNES, Cleucio Santos. **Justiça Tributária.** Belo Horizonte: Fórum, 2019.

OECD: **Revenue Statistics Comparative Tabels**. Disponível em https://stats.oecd.org/index.aspx?DataSetCode; Ministério da Fazenda. Secretaria da Receita Federal. CETAD – Centro de Estudos Tributários e Aduaneiros. Acesso em 10 de março de 2022.

OECD, **Tax Policy Studies**. Disponível em https://www.oecd-ilibrary.org/taxation/the-role-and-design-of-net-wealth-taxes-in-the-oecd_9789264290303-en. Acesso em 28 de março de 2022.

OECD (2018), **The Role and Design of Net Wealth Taxes in the OECD**, OECD Tax Policy Studies, No. 26, OECD Publishing, Paris, Disponível em https://doi.org/10.1787/9789264290303-en. Acesso em 10 de abril de 2022.

OLIVEIRA, José Marcos Domingues de. **Capacidade contributiva: conteúdo e eficácia do princípio.** Rio de Janeiro: Renovar, 1988.

OXFAM INTERNATIONAL. **O Vírus da Desigualdade** – Disponível em https://www.oxfam.org.br/download/13203. Acesso em 14.05.2021.

PAULSEN, Leandro. **Curso de Direito Tributário Completo** – 13 ed. – São Paulo: SaraivaJur,2022.

REALE, Miguel. **Lições preliminares de direito**. São Paulo: Saraiva, 1985.

ROSS, ALF. **Direito e Justiça / Alf Ross** – tradução Edson Bini – revisão técnica Alysson Leandro Mascaro – Bauru, SP: Edipro, 2ª Ed., 2007.

ROTHMANN, Gerd Willi. **O princípio da legalidade tributária**. Revista de Direito Administrativo, Rio de Janeiro, v. 109, jul./set. 1972.

SCHOUERI, Luís Eduardo. **Direito tributário**. 9. ed. São Paulo: Saraiva Educação, 2019.

SCHOUERI, Luís Eduardo. **Manual da tributação direta da renda** / Luís Eduardo Schoueri; Roberto Quiroga Mosquera; Editor: Fernando Aurelio Zilveti – São Paulo, SP: IBDT, 2020.

SCHOUERI, Luís Eduardo. **Normas Tributárias Indutoras e Intervenção Econômica.** Rio de Janeiro: Forense, 2005.

SECRETARIA DO TESOURO NACIONAL – **Estimativa da Carga Tributária Bruta do Governo Geral** – Última alteração: 30 de março de 2021. Disponível em https://sisweb.tesouro.gov.br/apex/f?p=2501:9::::9:P9_ID_PUBLICACAO:38233. Acesso em 02.05.2022.

SILVA, De Plácido e. **Vocabulário Jurídico.** Rio de Janeiro: Forense, 2001.

SILVA, José Afonso da. **Curso de Direito Constitucional Positivo**. 14. ed. rev. São Paulo: Malheiros, 1997.

STF, **ADI n. 2.010-2-DF (Medida Cautelar),** Tribunal Pleno, rel. Min. Celso de Melo, j. 30.09.1999, D.J. 12.04.2022

TANCREDO, Thiago Mafra. **Imposto Sobre Grandes Fortunas: viabilidade de implementação no Brasil**. São Paulo: Editora Dialética, 2021.

TILBURY, Henry. **Reflexões sobre a tributação do patrimônio.** In: Imposto de renda – estudos 4. São Paulo: Ed. Resenha Tributária, 1987.

TIPKE, Klaus e LANG, Joachim. **Direito Tributário (Steuerrecht).** Trad. Luiz Dória Furquim. Porto Alegre: Sergio Antônio Fabris Editor, 2008.

TORRES, Ricardo Lobo. **A ideia de Liberdade no Estado Patrimonial e no Estado Fiscal**. Rio de Janeiro: Renovar, 1991.

TORRES, Ricardo Lobo. **Curso de direito financeiro e tributário** – 18ª edição, revista e atualizada/Ricardo Lobo Torres – Rio de Janeiro: Renovar. 2011.

TORRES, Ricardo Lobo. **Imposto sobre grandes fortunas no direito comparado**. Direito Tributário e a reforma do sistema. São Paulo: Editora Revista dos Tribunais, 2003

TORRES, Ricardo Lobo. **Os direitos humanos e a tributação: imunidades e isonomia.** Rio de Janeiro: Renovar, 1995.

VALLE, Maurício Dalri Timm do. **Princípios constitucionais e regras-matrizes de incidência do imposto sobre produtos industrializados – IPI**. 1. ed. São Paulo: Noeses, 2016.

VIEIRA, José Roberto. **E, afinal, a Constituição cria tributos!** In: TORRE, Heleno Taveira (coord.). Teoria Geral da obrigação tributária: estudos em homenagem ao professor José Souto Maior Borges. São Paulo: Malheiros, 2005.

VOGEL, Klaus. em **Direito Tributário: estudos em homenagem ao Prof. Ruy Barbosa Nogueira** / Coordenador Brandão Machado. São Paulo: Saraiva, 1984.

XAVIER, Alberto. **Os princípios da legalidade e da tipicidade da tributação**. São Paulo: Revista dos Tribunais, 1978.

ZILVETI, Fernando Aurélio. **Princípios de direito tributário e capacidade contributiva**. São Paulo: Quartier Latin, 2004.